宮田正彦

水戸学の復興
―幽谷・東湖そして烈公―

◆水戸史学選書◆

企画 水戸史学会
発行 錦 正 社

はしがき

筆者は今年喜寿を迎へた。近年では平均寿命も伸び、七十七歳は珍しくないけれども、一つの区切りの意味で、敢てこの一書をまとめてみた。

先に著はした『水戸光圀の遺猷』は、主として水戸学の創始者水戸黄門光圀公を中心としてその周辺の諸問題を探り、水戸学の精神が一貫して江戸幕府第十五代将軍の「大政奉還」に繋がることを論じたが、実のところその中間が省略されてゐた。

水戸学は、実は、光圀から真つ直ぐに慶喜に繋がつた訳ではない。光圀歿後の九十年に亙る歳月は、その本来の姿、光圀の理想、光圀の念願、を忘却の彼方に追ひやらうとしてゐた。

その、将に喪はれやうとしたその時、奇しくも出現したのが、一個の天才、古着屋の息子藤田幽谷であつた。幽谷によつて光圀の真志は復活するのである。

歴史は我等になんといふ不思議を見せてくれるのであらうか。

まことに「人よく道を弘む。道人を弘むるにあらざるなり」である。

本書を『水戸学の復興』と題する所以であり、それはまた、本書の巻頭の一文の題名であるのみならず、いはゞ本書全篇を流れる通奏底音でもある。

幽谷によつて再発見され、その苦難の人生によつて担はれた水戸学の精神は、烈公を得て日本国の未来への道標となつた。烈公と共に、その道を切り拓きその道を歩んだのは、一子東湖をはじめとする幽谷の育てた門人達であつた。

本書は、そのやうな精神と行動のさまざまな姿を、そしてその間に生きた先人達の息吹を、幽谷・東湖・烈公の三者を通して探つたものである。研究論文の姿を採つていない講話でも、叙述に当つては推測・憶測を可能な限り避け、基本的な史料によつて論じた積りである。全篇既に各所に発表されたものであるが、今回かなり手を入れた。再掲を許された常盤神社・日本学協会ならびに水戸史学会に厚く御礼を申上げる。

なほ、文中の用字は主として通行の字体を用ゐたが、引用の史料には断らない限り正漢字を用ゐた（読み仮名は現代仮名遣ひ）。通行の字体では意味を取り違へる懼れがあるからである。

顧みれば、七十余年の生涯に為し得たことの、あまりにも微少なるを慙愧せざるを得ない。しかしながら、史学研究と水戸学へ私を誘ひ、曲がりなりにもこの道を歩みつづける力を与へて下さつたのは、今は亡き名越時正先生であつた。しかも先生の創設された「水戸史學會」を引き継ぐことを慫慂されたのも、また先生であつた。奇しくも今年は先生の十年祭に当る。謹んで小著を先生の墓前にささげ、報恩の万分の一とすることを御許し願ひたい。

平成二十六年三月吉日　新原の寓居にて

宮田正彦識

水戸学の復興
——幽谷・東湖そして烈公——

目次

水戸学の復興

——幽谷・東湖そして烈公——

第一章　水戸学の復興

一　藤田幽谷の出現

藤田幽谷肖像
（『幽谷全集』より転載）

「熊之助、そこにお坐りなさい。」

思はず居ずまひを正した熊之助に、病床の母の声は、いつになく厳しかつた。

「今日、あなたの叔母上がお見えになつてのお話は、襖の陰で少しは洩れ聞いたでせう。従弟の万吉は、あなたと歳も違はない。それが、塾の先生から大層お褒めを戴くほどに精進してゐるといふことです。あなたは、どうなのですか。十歳にもなつて、未だに幼い気持が抜けきれず、遊んでばかりゐる。万吉に恥かしいとは思はないのですか。

この藤田の家は、お祖父さまの時に御城下に出て来られ、御苦労の末に、やうやくお父様がこの古着屋の店を持てるまでになつたところです。あなたは、そのやうなお祖父様お父様の御蔭で、あまり不自由もなく、塾にも通つて勉強もさせて貰へるのです。有難いと思つたら、懸命に勉強しなければならない筈です。それなのに、いつまでも甘え心を捨て切れず、叔母様に馬鹿にされるやうでは先が知れます。

考へてご覧なさい。あなたは次男ですから、この店を嗣ぐことはないでせう。あなたは、お父様の御志を汲んで、あなた自身の道を切り拓かなければなりません。あなたの気性からしても、兄のお情けに縋つて商人となる気はないでせう。あなたは、もつと大きな人間になつて貰ひたい。藤田の先祖は、新田義貞公の武将、天晴れな武士だつたと伝へてゐます。このまゝでは、御先祖様に恥かしいではないですか。」

熊之助の母は、それから数ヵ月の後、黄泉の客となつた。

熊之助は、後の藤田次郎左衛門一正（号は幽谷）である。以下は幽谷と記す。

幽谷は、安永三（一七七四）年二月、水戸城下の下谷（元、奈良屋町、現、宮町三丁目）に、藤田与衛門言徳の次男として誕生した。冒頭に小説風に記した母の訓戒によつて心を入れ替へ「稚心」を去つた幽谷は、懸命に学習に励み、やがて、当時の水戸で最も有名な学者であつた立原甚五郎伯時（東里・翠軒）の塾である此君堂に入門して、学識目覚しく進んだ。夜遅くまで、時には徹宵して読書する幽谷の健康を心配した父親に、行灯《あんどん》を取上げられたこともあつたといふ。十一歳で詩を作り、十三歳で「長久保先生七十寿賀」といふ一文を作つた。水戸藩の宿学の長老で、地理学者として全国に知られた長久保赤水への古稀の賀詞であるが、これが非常な評判となり「神童」と謳はれるやうになつた。同門の石川桃蹊は後に回想して、「他の塾生達は、幽谷より十歳も年長の者も居たが、何をやつても幽谷には及ばなかつた」と述べてゐる。

十五歳、立原翠軒の推薦によつて「史館」(彰考館)の一員に抜擢された。初めは「史館小僧」といふ雑用係兼用の見習で、禄は二人扶持に過ぎなかつたが、十八歳で「編集」に進み、のち、文化四(一八〇七)年には三十四歳で「史館総裁」となり、江戸や水戸で『大日本史』の校訂・編集を指揮するまでになつた。

一体、水戸藩では、義公(二代藩主光圀)が、藩の内外・身分を問はず、広く人材を抜擢登用したことは人の知るところであるが、義公時代に史館に採用された人材は、京・畿か江戸で学んだ人が多かつた。義公在世中に藩出身の人物として総裁にまで進んだのは、元禄五(一六九二)年に任命された安積覚兵衛子先(澹泊)のみであつた。しかし義公は、藩内の人材の育成にも心を配つた。義公の晩年、その学力を認められて、舟手方の子ながら命によつて三宅九十郎緝明(観瀾)に従学し、享保十二(一七二七)年に総裁となつた打越彌八直正(樸齋)は、義公歿後の史館の命脈維持に全力を傾けてゐる(拙著『水戸光圀の遺猷』錦正社刊参照)。

水戸の史館は、大日本史編纂とそれに付随する数々の文化事業によつて、近世の歴史に著名であるが、身分の如何を問はず学力のある人物を抜擢登用する場所として継続的に機能してゐたことが、そして、他ならぬ義公がこれを設置し主催したことが、水戸藩に人物を育てることになつたのである。

それはともかく、『幽谷全集』に収められてゐる幽谷の文章は、封事（藩政に資するために内政・外交などの当面の課題に対する自己の見解を記載して直接藩主に提出する意見書）を除いては、その大半は十四歳から十八歳までのものであつて、その一つ一つに幽谷の勉学のあとが偲ばれる。

それらの文章から伺へる幽谷の学問の目標は二つあつた。一つは、史館員としては当然のことながら、義公修史の真の志を明らかにすること、そしてその志の実現の為に何を為すべきか、といふこと。二つには、学者として藩の禄を食む以上、学者としての責任をどのやうに果していくのか、といふことである。学問は本来、「経世済民」の為にあることを幽谷は早くから自覚してゐた。幽谷は、歴史は「志」が面白い、といふ。多くの人は「列伝」を好むが、歴史の面白さは「志」に在る。「志」を読めばそれぞれの時代時代の政治が何を目指したか、またその成否の鍵も、よく知ることが出来る、と言つてゐる。紀伝体の歴史書（『大日本史』もさうであるが）に於ける「志」とは、一口に言つてしまへば、租税、兵制、貨幣などの諸制度の変遷を時代ごとにまとめあげたものである。この言葉にも幽谷の学問の目標が、単なる知的興味の追及ではなく、「経世済民」の実学に在つたことが知られる。この志向から幽谷が、倫理道徳の面では孔子に直結しようとし、政治経済の面では、制度の根源である国是・国体とその理想をまづ明らかにしようとしたことは、当然であつたと云へよう。若い時の論文の題目にもそのことは明瞭である。

十五歳で著した「読古文孝経孔氏伝」は、『古文孝経』の「孔安国伝」の成立を考証し、それが偽書であることを論証したものであるが、同じ水戸藩の碩学長久保赤水の絶賛を受け、特に当時の藩主文公（水戸藩六代治保）の上聞に達したほどであつた。

しかも幽谷が、その研精の結果として把握したものは、奇しくも義公光圀の志願と一体のものであつたことは、さらに揺がぬ信念の基となつたことであらう。それは、十七歳の文である「原子簡ヲ送ル序」の中に明瞭に述べられてゐる。幽谷は、孔子が『春秋』に託した根本の大義とは尊王賤覇（正統の天子の統治を正道とし、武力などによる覇業を権道とすること）であつて、君臣の大義を重んじること、国の内外を弁別することだ、と述べたあと、

我が西山公、嘗テ、是非ノ迹《あと》、天下ニ明カナラズ、而《しこう》シテ善人勸ムル所ナク、悪者懼《おそ》ル、所ナキヲ憂ヘ、乃《すなわ》チ慨然トシテ大日本史ヲ修メ、上ハ皇統ノ正閏を議シ、下ハ人臣ノ賢否ヲ辨ジ、帝室ヲ尊ンデ以テ霸府ヲ賤《いや》シメ、天朝ヲ内ニシテ以テ蕃國ヲ外ニス（原漢文）

と西山公＝義公の精神と事業の意義を端的に指摘してゐる。『大日本史』は幽谷にとつて日本の『春秋』なのである。ここでいふ覇府とは、間接的には武家政権である幕府を指すと見てよい。これは、直ちに幕府を否定するものではないが、皇室と幕府と何れを重しとするかは明瞭である。それは、義公の「我が主君は天子なり、今将軍は我宗室（親類頭）なり。あしく了簡仕、取り違へ申すまし」（『桃源遺事』）といふ戒めに秘められた精神を継承するものであつた。

更に幽谷は、史館の古記録を精査するとともに先輩の遺文をも参考して、水戸義公以来百三十年に

わたる修史事業の経過と問題点を明らかにした『修史始末』を編纂し、義公修史の本願ともいふべきものを明らかにした。

この『修史始末』（原題『修史略』）は、実は、幽谷の師でもある史館総裁立原翠軒が、重臣達の意向を汲んで大日本史紀伝志表編纂の予定を変更し、志と表とは必ずしも義公の意図ではないとしてその編纂中止を発表したことをきつかけとする。果して義公の真意は那辺に在つたか、修史の事業はそれをどのやうに受け継いで来たのか、それが幽谷の研究課題であつた。幽谷は二十四歳の寛政九（一七九七）年十月に本書を脱稿してゐる（名越時正氏『水戸光圀とその餘光』所収「『修史始末』の成立とその意義」錦正社参照）。

義公修史の本願は、それと明確に記された文献を欠いてゐる為に、義公在世当時ですら、必ずしも全ての関係者に理解されてゐたとは思はれない。まして、時の変化、学会の動向は、史館で修史に携はる人々にも影響し、とかく穿鑿考証を専らにして本書を完成させることのみが目的とされがちであつた。義公歿後数十年にして、既に将軍伝や南北朝の扱ひの問題をめぐつて動揺が起つてゐるのである（前掲拙著所収「『大日本史』続篇計画の性格」参照）。義公薨後九十年、絶世の奇童と謳はれた幽谷の出現は、まさに天の配剤ともいふべく、こゝに「水戸学」は久しき混迷の霧を払つて、再興の人と時とを得たのである。

二　正名論

十八歳の寛政三（一七九一）年十月、幽谷の評判は老中松平定信の知るところとなつた。定信から、翠軒を通じて、今までに書いたものの中からでよいから、一文を選んで提出するやうにとの指示があつた。幽谷はその命を受けて翠軒の下を辞するや、家に帰らず、近くの小沢多仲の書斎を借りて、新たな一文を一気に書き上げた。名付けて「正名論」といひ、漢文体で書かれ、字数にして凡そ一千三百六十字の論文である。

これは一種の試験であり、定信の意に叶へば、幕臣としてのいはゆる出世の道が大きく開ける可能性が高い。普通の人であれば、千載一遇の好機と喜ぶであらう。ただし幽谷は、権勢に媚び出世を願ふやうな卑劣な魂は持ち合せてゐなかつた。彼は、学者として信ずる道を政府の最高権力者に陳述出来る機会を与へられたことを喜んだ。彼は、それまでの学問鍛錬の全極致を傾けて幕府政治の根本問題を指摘し、その本来の在るべき姿に立ち返ることを諫言したのである。それは、場合に依つては出世どころか危険思想家として断罪されることも覚悟しなければならなかつた。

一体「正名」すなはち「名ヲ正ス」とは、孔子がその弟子の問ひに答へて、衛の国の乱れの根本原因は、父子が位をめぐつて争つてゐるやうな「名分」の乱れにあり、衛の国を安定させるために先づ為すべきは「名ヲ正ス」ことだ、といつたといふ『論語』の文章を出典とする言葉で、長く政治の根本として重視されて来た一句である。「名」とは名称である。松は松、梅は梅であつて、松を梅といふことは誤りであり、正しく意味を伝へることにはならない。物にはその物を表はす名があるやうに、社会的な役割にも同じくそのものを正しく表はすための名がある。そして、人はその名に相応しく在るやうに互ひに務めなければならない。親は親といふ名に相応しく、子は子といふ名に相応しく在ること、それが人間の在りやうなのである。君といひ臣といひ、師といひ弟子といふ、いづれもその名に相応しく在るべきであり、その名と名との関係が「名分」である。したがつてそれは時に一定の形を執る。いはゆる作法・礼儀である。

それともかく、幽谷の言ひたかつたことは次の一句であつた。

天ニ二日無ク、土ニ二王無シ、皇朝自ラ眞天子有リ。則ハチ幕府宜シク王ト稱スベカラズ。

当時の幕府御用学者たちは、将軍を国王と称して天皇の大権を無視しようとした。しかし、幽谷はいふ、

八州ノ廣キ、兆民ノ衆《おお》キ、絶倫ノ力、高世ノ智有リトイヘドモ、古ヨリ今ニ至ルマデ、未ダ嘗テ一日トシテ庶姓ノ天位ヲ奸《おか》ス者有ラザルナリ。

これが我が国の大義である。ただし、藤原氏の摂関政治に端を発し、次いで武士の世が続いたことによつて、皇室は存続したものゝ、大義必ずしも明らかではなかつた。今や、農村は疲弊し、諸侯は財政難に苦しみ、士風は衰へ、あまつさへ外国の船舶頻々として内海を伺ふ、内外共に非常の時であ

る。国是の根本を正して人々の拠るところ、向ふところを明らかにすることが改革の第一歩、否、根本でなければならない、と。少年気鋭の一太刀、学界の混迷を一閃して両断した。しかも驚くべし、幽谷の学問は十八歳にして既にここに決定して動かなかつたのである。

当時は如何なる時代であつたか。先立つ安永・天明の二十年間は、いはゆる田沼時代である。元号が安永と代つた時の落首に、「元号は安く永くとかはれども　諸色高直今にめいわく」といふのがある。諸色高直とはもろもろの物価が高騰してゐる、いはゆるインフレ状態であり、「めいわく」は、明和九（一七七二）年十一月に改元して安永となつたので、迷惑と明和九（年）とを掛けたのである。田沼のいはゆる重商主義的政策は、自己の権勢を維持し政府に金を集めるための施策であつたため、一部の産業には利したものの、綱紀は乱れ賄賂が横行し、加へて相次ぐ天変地異による災害は、物価の高騰、農村の疲弊を加速した。天明の飢饉は、奥羽の死者数十万人と伝へる。

さすがの田沼時代も、田沼意知が佐野政言によつて殿中で刺傷されてやうやく終りを告げるが、翌天明五（一七八五）年には林子平の『三國通覧圖説』が刊行され、その翌六年には『海國兵談』が著され、最上徳内等の蝦夷・千島探険が行はれてゐる。次いで天明七年、江戸・大坂の打ち毀しや各地の一揆の騒然たる中に、松平定信が老中筆頭に上り、こゝにいはゆる寛政の改革が始まる。寛政元年は西暦一七八九年、フランス革命勃発の年であり、越えて寛政四年、ついにラクスマンが根室に現れて開国通商を求める。時代はやうやく大きく動きださうとしてゐたのである。

このやうな時代の危機をいち早く感得し、警鐘を鳴らして人々の奮起を求めようとした先駆者として、歴史の教科書は、林子平、高山彦九郎、蒲生君平のいはゆる寛政の三奇人を挙げる。幽谷は彦九郎・君平と心交があつた。幽谷は早くから彦九郎を敬慕してゐたが、直接会ふことが出来たのは幽谷十六歳の時であつた。彦九郎は幽谷の学問の深さと正しさに驚き、その将来を嘱望した。彦九郎の死を悼んで作つた「高山處士ヲ祭ル文」はその関係の深刻なことを明らかに示してゐる。幽谷もまた先憂の人であつた。

大義を明らかにし名分を正すことを以て、治国安民の根本とすることは、儒家の基本理念であるが、多くの学者は煩瑣な考証にのめり込んだり、自己の地位や名声を保つために窮々として右顧左眄してその節を全うしない。学問はその根本を失つては、徒らな知的遊戯にすぎなくなる。大義や名分は古臭い、現在では無意味な言葉である、と人はいふ。しかし、心静かに諸外国の興亡の跡を顧み、あるいはまた、今日の政・財・官のいはゆる不祥事の頻発するを見れば、人にとつて、その存立の根本である大義を貫くことの重大さは思ひ半ばに過ぎるのではないだらうか。国家は漠然として出来上るものではない。その性質内容は千差万別であつても、建国の大義を持たぬ国は無い。建国の大義を失つた国家は、ソ連邦のごとく崩壊するのである。幽谷の主張は、今日と雖もなほ千金の値を有つ。

幽谷の「正名論」は、幕府を否定するものではない。むしろ幕府が率先して「名ヲ正ス」ことに拠つて大義を闡明し、日本国の正しい明日を切り開く先頭に立つことを切願したものであつた。しかしながら、おそらくは翠軒の意に叶はなかつたのであらう、定信のもとに届いた形跡は無い。しかし、幕府に届かなかつたからといつて、こと終れりとする幽谷ではない。その学問を、どのやうに現実に活かして行くか、これより幽谷終生の苦心努力が始まるのである。

幕府による反省を求める手段が無ければ、己れが父祖の地、己れが職を奉じる水戸藩に於いて具現されなければならない。幽谷が、初めて藩政の改革と国防策についての具体的提案を文章にして上申したのは、寛政五年（一七九三・幽谷二十歳）の末か六年の初めであつた。実は「正名論」執筆の翌月、幽谷の父言徳（安善君）が亡くなつて、幽谷は古礼に従つて「三年の喪」に服した。その間一切詩文を作らなかつたが、我が国の中世以降、「三年の喪」を実行した人物の伝を蒐めて『二連異称』を著した。初度の封事は、三年の喪が開けるのを待ちかねたやうにして執筆されるのであるが、この封事は仲介を依頼した長久保赤水と宍戸太玄斎の判断によつて止められ、藩公へは届かなかつた。また原文も存在しない。

三　忠諫の封事

寛政四年十一月、幽谷は異国船防禦の為の筆談役を命じられた。時に喪中ではあつたが、「金革ノ事ナレバ（金革とは軍事のこと、即ち非常に関る事だから）」といつてこの役を引き受けた。既に高山彦九郎・蒲生君平等との交友の中から国際情勢に関心を深めていた為もあるが、ラクスマンが根室に現れたのはこの九月のことであつた。この折幽谷は、「古今戎狄之形勢」(＝西洋の歴史)を論じて、乞市開港が侵略の手始めに過ぎないことを明らかにし、且つ、「ノアの箱舟」の話などは「虚誕誇張」の説であつて、西洋の教(＝キリスト教)の信ずるに足りぬことを明快に論じて言ふには、「モシ、西夷ヲシテ志ヲ得シメバ、宇内晦暗、天地ハ長夜トナラン」と論破されたので、前年入門したばかりの会沢伯民(正志斎)は、「茫然自失、身ヲ措く所無キガ如ク」であつたと後年回想してゐる(『及門遺範』)。

この回想は、幽谷の海防についての関心が早くから深く、西洋の歴史やキリスト教の研究にまで及んでゐた(時に十九歳)ことを示してゐるが、さらに数年後には、か丶る侵略から我が国を如何にして防衛すべきかの具体策を求めて『西土詰戎記』の著述を進めてゐた。この書は未完の書と思はれるが、その序文によれば、対外策を清初(建国から乾隆末年)の歴史に学ばうとしたものであつた。ちなみに、文中、林子平が『海國兵談』『三國通覽圖說』によつて罪を得たことを述べてゐるのは興味深い。おそらく、清国に題材を採つたのは、同じ危険を冒すことを憚つたからであらう。

西力東漸の歴史を考へ我が国の将来を惟みるとき、現実の幕府や諸大名の、何等備へるところ無き旧態依然たる在り方は、幽谷から見れば、薪を積んでその上に寝てゐるやうな危さであつた。寛政九(一七九七)年丁巳の年、江戸史館に在つた幽谷は、その十月、決死の覚悟の下、沈黙を破つて再び封事を上呈した。これが世にいふ丁巳封事であり、全文七千字を超える大文章、激烈な忠諫の書であつた。幽谷の封事は、知られるかぎりで二十五・六通を算へるが、漢文体のものはこの丁巳封事のみである。そこに、幽谷のこの一書に賭ける気迫を見ることができる。

幽谷は先づ、当代を病人が窶《やつ》れ果て、からうじて息をしてゐるといふやうな状態に例へ、ここに外国の侵略があればただ死あるのみ、と断じる。

夫レ、今代ハ武ヲ以テ國ヲ立テ、建櫜《けんこう》（建は鍵、櫜は弓袋。戦国を平定して平和を齎したこと）以來、幾《ほと》ンド二百年（中略）、天下滔々《とうとう》として酔醒夢死シ、戰ノ危キヲ忘ルルモ、マタ開闢以來無キトコロナリ、而モ、北溟ノ黠虜《かつりょ》（＝悪がしこい野蛮人。ロシアを指す）ハ神州ヲ覬覦《きゆ》シ（隙を伺ふ）常ニ圖南《となん》（南方進出）ノ志アリ。如何セン、今人ハ小智ニシテ大智ニ及バズ、妄《みだ》リニ斥鷃《せきあん》（小鳥）ノ見《けん》ヲ見テ大鵬ノ爲ス所ヲ哂《わら》フヲ。（中略）天下ノ憂、イヅレカコレヨリ甚シカラン。シカモ我が藩ハ海ヲ負ヒテ邦ヲ作《な》シ、寇《あだ》（敵国）と隣接ス。尤モ以テ豫《あらかじ》メ備フルコト無カルべカラズ。

而して、この危機を乗り越え国家を盤石の安きに置くためには、人心を驚愕一変せしめ、経済を建直し、士風民心を振起して、我に備へあるを恃《たの》むやうにしなければならない。そのためには、内政の充実の為に先づ藩主自らが発憤し、群臣を激励して政務を更張し、賞罰を明らかにし、軍備を調へ、民と休戚（＝喜と憂と）を同じくしようとする姿勢を明らかにしなければならない、と述べる。

すなはち、「百姓《ひゃくせい》足レバ君孰《いずく》ンゾ足ラザラン、百姓足ラザレバ君孰ンゾ足ラン」の精神で、先づその政治姿勢を明確にしなければならぬ。現在の藩の政治状況には、改革を要する問題が山積してゐるが、この、藩主の姿勢を明らかにするためには、第一に大坂の商人からの借金を止めること、第二に、藩主（文公・六代治保）は蓄財を好むといふ評判を払拭しなければならない（国用不足であるとして、功労を賞することも貧窮を救ふこともないがしろにされてゐるが、藩主の手許には実は内帑金が貯め込まれてゐた）。

この二策は、自力更正の決意と民と苦楽を共にする姿勢とを明らかにする具体策である。全てはここから出発する、といふのである。

さらに幽谷は、文公の「詳ヲ好ム」の失を挙げて、藩主が細か過ぎるので臣下が自分から責任を取り工夫する気力を失つてゐることを指摘する。つまりは組織に於ける権限と責任を明確にせよといふのである。組織が在る以上、「委任スルトコロヲ明ラカニシ、以テ成功ヲ攻メ」なければならない。その為には、言路を開き直言を重んじ人材を抜擢登用しなければならぬ。こゝにもまた、政治が巧く行かない原因が在る。

これを要するに、

閣下（文公を指す）、爲《な》スアルノ志無ケレバスナハチ已《や》ム。苟モ爲スアルノ志アラバ則ハチ、速カニ己ヲ罪スルノ令ヲ下シテ以テ士民ノ心ヲ收メ、直言ノ路ヲ開イテ以テ上下ノ情ヲ通ジ、大臣ヲ激勵シ衆思ヲ集メ、忠益ヲ盡シテ有司ヲ先トシ、小過ヲ赦シテ賢才ヲ擧ゲ、名ニ循ツテ實ヲ責メ、黜《ちゅっ》陟《ちょく》（功罪を明らかにする）必ラズ行フニ如《し》クハ莫シ。此クノ如クニシテ懈《おこた》ラザレバ、則ハチ其ノ富强ヲ致スノ業、足ヲ翹《つまだ》テ、竢《ま》ツベキ也。臣志願ニ堪ヘズ

と。最後に語を継いで、

夫レ口ノ輒《たやす》ク陳《の》ブル能ハザル所、既ニ諸《これ》ヲ此書ニ筆ス。而レドモ意ノ蘊《つ》ムトコロ亦筆端ノ能《よ》ク盡ス所ニアラズ。臣ノ獻言ハ今日ニ止《とど》マル。閣下幸ヒニ狂妄ノ誅ヲ寛《ゆる》メタマヒ、燕間ノ暇ヲ賜リテ、臣ヲシテ進ンデ其ノ餘說ヲ盡スヲ得セシメバ、則ハチ退キテ重戮《じゅうりく》（死刑）ヲ蒙ルトイヘドモ亦甘心スルトコロ

と、いかなる処罰をも覚悟の上、更に面接して詳しく意見を述べる機会を与へられんことを切望するのである。全文七千余字、現状を憂ひ、先賢の言を引き、議論を縦横に上下して説くところは、藩主文公の自覚発憤を切望する、まさに「難キヲ君ニ責ムル」忠諫の大文章であつた。水戸のいはゆる「学問事業の一致」すなはち実学とは、かかる姿をいふのであつて、学者の政治参加などといふ生易しい代物ではない。

さてこの封事は首尾よく藩主の手許に届いたもの丶、却つて不敬不遜であるとして罰せられ、職を奪はれて水戸に帰されてしまつた。また、この挙を喜ばなかつた師翠軒からも義絶され、これより二年、寛政十一（一七九九）年十二月に義公百年忌の赦によつて再び史館編修に戻るまで、幽谷は更に古今の研究に専念する。前に触れた『西土詰戎記』の編纂はこの間のことである。同時に、藩財政の建直しを農村の復興にありと考へる幽谷は、その為の問題点と解決策を研究して『勸農或問』を著した。これは、現状の問題点を五箇条に整理して逐一論評し、その解決策を提言したものであつて、其後、郡奉行として実際に農政を担当する中で更に進んで『郡中利害封事』となり、領内総検地の提言

及び行政事務の簡素化と郡奉行の権限強化の提言へと絞り込まれてゆく。これらの幽谷の提言は、その歿後になつて烈公斉昭と幽谷の子東湖、および門人達によつて実現されて行くことになる。

四　史館復古

一方幽谷は、丁巳封事提出の二ヵ月前に、『大日本史』といふ名称の妥当性を問題として、史館の同僚に対してひとつの提案を行つてゐる。それは、『大日本史』といふ題号は、義公（二代光圀）の命名ではなく、正徳五（一七一五）年頃、当時の総裁達が粛公（三代綱條）と相談の上私に名付けたものであるが、朝廷の命によつて編纂された史書ではない私撰の書に「日本」の文字を冠することは憚るべきであつて、他日朝廷へ献上のうへ許されればともかく、現況ではよろしく「史稿」と称すべきである、といふ意見である。この意見は、『大日本史』は翠軒の云ふごとく「本紀」と「列伝」とを完成させればそれで良いといふものではなく、「志」と「表」とを併せて完成させるべきであり、それが義公の遺志であるとする意見と、安積澹泊が執筆した「論纂」（列伝の個々について評論をしたもの）も本史から削除すべきであるといふ意見と、合せて三点は、編纂事業の根幹に関る問題として、大日本史三大議と称されてゐるが、これらの問題が享和二年十二月（幽谷二十九歳）、文公の決裁によつて決着を見、幽谷は高橋子大廣美（担室）と共に御前に召されて修史上の意見を徴され、総裁代役に任ぜられる。こゝに至つて翠軒との対立は決定的となり、翠軒は翌年退職隠居する。

この出来事は、幽谷がやうやくにして文公の信頼を克ち得て、これよりやゝ驥足を伸ばし得たといふばかりでなく、「史館復古」則はち『大日本史』編纂の精神を義公の本志に戻したことによつて水戸藩復古の第一歩となつた点、その意義は大きい。文公はこの四年後の文化二年に病歿するが、跡を継いだ武公（七代治紀）もまた幽谷を先生と呼んで重んじた。武公はその初政に当つてよく幽谷の意見を聞き、諸事改革の意欲を見せた。幽谷は為に丁卯封事を呈してこれを激励した。幽谷が武公に呈した封事は八回に上る。文化四（一八〇七）年、幽谷は史館総裁に任じられ、翌年には、総裁兼務のまゝ郡奉行を命じられた。同六年、『大日本史』の題号は正式に勅許され、翌七年、幽谷が武公に代つて作つた「進大日本史表」（大日本史を献上する言葉）は、出来上つた本紀列伝に添へて朝廷に献上された。武公は、大坂からの借金を止め、献金郷士の制度を廃止し、更に海岸数ヵ所に海防詰所を設置し、軍制を改革するなど、その初めには見るべきものもあつたが、惜しむらくは数年にして門閥重臣奸吏の捲き返しがあり、その成果は上らず、十年余藩主の座にあつて文化十三年病歿した。

五　青藍舎

幽谷の事業の内、忘れてはならないもの、それはその学塾青藍舎である。この学舎の名称は「青ハ藍ヨリ出デ、藍ヨリ青シ」といふ句より採つたものであるが、幽谷の門人として最も古く、しかも、やがてその学問識見によつて一世を導いた一人は会沢安伯民（正志斎・憩斎）であつて、その入門は、幽谷十八歳、会沢十歳の折であった。幽谷が、入門を望む子弟の為に塾舎を築き青藍舎と名付けたのは、享和二年幽谷二十九歳の時である。

幽谷の博識と情熱が門人会沢を激励奮発させる様子は既に述べたが、藤田東湖の「楊椒山全集序」に、少年の日にこの全集を会読した際に、同門の豊田彦次郎松岡（天功）が「悲憤痛恨、且ツ泣キ且ツ誦」して「一座慄然感動」したと記してゐる姿は、文化五・六年の頃のことであるが、以て青藍舎の学風を伺ふに足る。幽谷がしばしば陳同甫の「上孝宗書」の句を誦したといひ（『及門遺範』）、また文天祥の「正気歌」を誦しては、慷慨激励、君臣の大義を説いて止まなかった（東湖「正気歌序」）といふやうに、古人義烈の気性を継承することこそ青藍舎の教育の眼目であった。『及門遺範』（会沢伯民がその晩年に、嘗ての幽谷から受けた教育を回想して著した書）に、

先生、人ヲ教フ、専ラ忠孝ニ在リ

といひ、

先生、尤モ君臣ノ義ヲ重ンズ

といふはこれである。但し、徒らな憤激の士となることは厳に慎むところがあった。

先生、人ヲ教フルニ恭遜（うやまってへりくだる）ヲ以テ先とナス。安（会沢の名）ノ幼キトキハ常ニ忿争ヲ戒ム。書ヲ讀ミテ古人孝悌忠信ノ事ニ遇フトキハ、縷々説話スルコト提耳（耳に口を近づける）スルガゴトク有リ。常ニ諸葛武侯（孔明）ノ子ヲ戒ムノ語ヲ誦セリ。言、尚耳ニ在リ。

或ハ親朋ト國事ヲ論議スルニ、小子輩ヲシテコレヲ聞カシメズ。安輩、専ラ書ヲ讀ミ疑ヲ質《ただ》スノミ。敢テ鬩黨ノ童子（鬩党は孔子の旧里の名。一隅あるひは一党にのみ満足する意か）タラザルナリ。故ニ時ニ天下ノ事ヲ聞クモ、一國の吏事ノ藏否《ぞうひ》（善し悪し）を知ラズ。蓋シ先生ノ人ヲ誨《おし》フ、其ノ晩成センコトヲ欲シテ其ノ速成ヲ求メズ。又、シバシバ義公ノ言ヲ誦シテ曰ク、童子ハマサニ童子タルベシト。切ニ時政を譏《きぎ》議スル（非難する）ヲ誡《いまし》ムルモ亦此ノ意ナリ

との一文は今日に切である。

その門に学ぶ者、上述の会沢を始め、飛田逸民、岡崎槐陰、吉田活堂、杉山復堂、秋山静正、吉成南圃、国友善庵、豊田天功、川瀬教徳、堀川海鷗（潜蔵）等、その身分も年齢もさまざまであつたが、よく師の志を受け継いでそれぞれに大いに為すところがあつた。特に中でも一子東湖は、まさに出藍の人、史館に藩政に縦横の活躍は人のよく知るところであらう。

六　燃ゆる想ひ

幽谷が生涯を賭けた水戸藩中興の夢は、太平の夢を貪る重臣門閥の侮蔑妨害によつて葬り去られた。しかしながら、義公精神の復活を大本とした修史復古は成つて、『史稿』もその一部は朝廷に献上され、「大日本史」の題号も許された。さらに、幽谷の復興した学問は、内外の危機を打開し新生日本の建設を願ふ人々の拠り所となり、目標となつた。それは次の世代、門人達によつて担はれ、英明な

藩主斉昭を得て、いはゆる水戸藩天保の改革として実現されて行き、更には、「水府の学」「天保学」と呼ばれて天下の志士の目標となつた。かの吉田松陰が、会沢伯民によつて初めて国体に眼を開かれたこと、学問に於ける師承の重大さに気附いたことは（「赤川淡水ノ常陸ニ遊学スルヲ送ルノ序」参照）、その根本を正すことを以て学問の始終として実践躬行して変らなかつた幽谷学の成果であらう。

文化五（一八〇八）年正月、幽谷は、

春來一夜　斗杓ヲ廻《めぐ》ラス
北ヲ顧ミテ還《すなわ》チ憂フ　胡虜ノ驕《おご》ルヲ
筆ヲ投ジテ自ラ憐ム　班定遠《はんていえん》
家ヲ忘レ誰カ擬セム　霍嫖姚《かくひょうよう》
長蛇マサニ畏ルベシ　神兵ノ利
粒食嘗テ資ス　瑞穂ノ饒
宇内至尊　天日ノ嗣
須《すべか》ラク萬國ヲシテ皇朝ヲ仰ガシムベシ

といふ詩を詠んだ。班定遠は匈奴を討つて西域を鎮撫して後漢の国威を宣揚した班超《はんちょう》。霍嫖姚は、前漢武帝の時に六度匈奴に遠征して大勝を得た霍去病《かくきょへい》のことである。

幽谷は、昔、班超や霍去病が北方の外敵に大勝して大いに国威を発揚したやうに、北方から迫り来るロシアを打ち払つて、皇室の御稜威《みいつ》を輝かすことを念願としたのである。国体名分を重んじる尊王思想と、怯むことなく断然として外敵を剪除せんとする義勇の精神、すなはち攘夷思想とは、幽谷に於いて一体となり、いはゆる尊攘の志となつて門人後輩達を激励奮発せしめるのである。

吉田松陰は『講孟剳記』の中で、「功業立タザレバ國家ニ益ナシ」といふが、それは誤りである、大切なことは、「道ヲ明ニシテ功ヲ計ラズ、義ヲ正シテ利ヲ計ラズ」といふことであつて、結果の如何を問はず、ただ一の誠を以て生涯苦心経営することである。さうすれば、後世必ずその風を観感して興起する者あり、つひにはその国風を一定するに至る。「コレヲ大忠トイフナリ」と述べてゐる。以て幽谷の生涯を賛するに足るであらう。

　徒らに身をば歎かじ燈火《ともしび》の
　　もゆる思ひを世にかかげばや

とは東湖の歌であるが、幽谷の掲げた燈火は、煌々として時代を照らす大炬火となつたのである。

（『日本』平成九年三月号・平成二十六年二月修正）

附

本文で「正名論」について述べましたが、これは幽谷の文章の中でも代表的な一文であります。本文は漢文の為、繁雑になることを懼れて省略しますが、私が解釈した通釈と簡単な解説を付け加へておきます。この解釈が正しいといふわけではありません。一つの解釈として御覧ください。

通釈

「名分」といふものが、国家に於いて正確且つ厳重に守られなければならないことは、実に大切なことであります。それは丁度、天と地が決して所を易へないことと同じであります。天と地が定まつてゐるから君と臣が存在し、君と臣が在るからそこに上下の別が生じ、上下の別が定まつてはじめて礼儀が定まるのであります。万が一にも、君と臣とがその名に相応しくなく、身分の上下がいい加減であるならば、たちどころに尊い方と賤しい者との区別もつかなくなり、力の強い者が弱いものを従はせ、より多くの意見が小数の意見を封殺して、国家混乱に陥り、たちまちにして滅亡に至るでありませう。従つて孔子も、「必ず名を正さなければならない。名が正しくなければ名と事とが一致しないから、人の言つたことが道理に順つて順当に行はれるといふことがない。言葉が事実に順はないと物事は混乱して万事成就しない。事が成就しなければ礼も楽も盛んにならず、礼と楽とがしつかりとしなければ法律が適正にならず刑罰も中正を失ふ。刑罰が正しく行はれなければ、人民は安心して生活することが出来ない。だから根本は名を正すことである」、と云つてゐるのであります。

解説

この部分は全体の序章であり、名分を重んずべきことの根拠として孔子の語を引用してをります。この孔子の語は、『論語』の子路第十三にある一文で、孔子が若しも国政を委せられるようなことがあつたならば、何から始めますか、といふ子路の問に対して孔子が答へた言葉の一部分です。題名となつてゐる「正名」とは、名と実とを一致させて道理にもとらないようにすることで、名は名目又は文字そのものでもあります。ここはさして難しい文章ではありませんが、名分といふことについて考へてみますと、名分といふ熟語として扱ふ場合と、名と分と分けて言ふ場合があります。最初の部分に「名分の正且厳」とありますのは、「名が正しく、分が厳格である」といふことです。終の方で「礼は分より大なるはなく、分は名よりも大なるはなし」とあるので、幽谷の認識としては、名が先づ正しくなければならず、名が正しく立つて分が定まる、と考へてゐるものとみられます。この始めの文章で言へば、「君と臣の名が文字通りに正しくあれば（名に相応しく真実であれば）、そこにおのづから上下の分が生れる」といふことなります。

すこしく余談になりますが、この名分論は現代の平等主義・人権主義といつた思想と根本的に異なります。その是非はしばらく論じないとしても、「尊卑位を易へ、貴賤所を失ひ、強は弱を凌ぎ、衆は寡を暴《そこな》ふ」といふところは、マスコミの言論誘導などをみてをりますと、まさに今日の状況を言ひ当ててゐるやうで、西洋流民主主義の欠陥を鋭く指摘したかのやうにさへ思へます。

通釈

周の国が次第に衰へると、力を持つた者達が各地に興り、お互に勢力争ひを始めます。周の王室は僅かに細々と続いてをり、その存在は微々たるものでありましたが、それでもなほ天下の諸侯の共通の王でありました。孔子は「春秋」を作つて名分を明確にして、周王を天子として最も尊い存在と為し、呉や楚の権力者が王と称するのは貶して子と称し、周王は微力ではあつたが必ず諸侯の上位に記述しました。孔子が名分を厳しく正すことに熱心であつたのは、決してこれだけではありません。ですから、「天に二日無く、土に二王無し」、と言ふのであります。これは総て国といふものは一元的に統轄しなければならぬことをいふのであります。

解説

ここは前節を受けて孔子が名を正すことに腐心した事実を春秋の記述の仕方にとつて述べます。「天に二日なく、地に二王なし」といふ語はもう一度出て来ます。二王が在つては名が立たないのです。以上が、文章の起承転結でいへば、「起」にあたります。

通釈

さて、古今の治乱の迹を観てみますと、天命と云ふものは変化するものであつて決して一定してはをりませんが、しかし大局から見れば、徳に順ふ者は栄え、徳に忤ふものはやはりほろびるのであります。夏の最後の王である桀、殷の最後の王である紂は極め付の暴君でありました。殷の初代の王である湯、周の初代の王である武は優れて徳の高い人物でありましたので、それぞれ湯は夏を、武は殷を亡ぼして天下を安定させました。これは仁を以て暴に易へたもの、天下の為に人道を無視した者を取除いたのであつて、孟子のいふやうに、天子を弑したのではなく一人の男をころしたようなものであります。しかしながらこの事について、周の歴史書や論語は「湯は徳に慙づる有り、武は未だ善を尽さず」、といつて居ります。これは決してわざと貶してゐるのではありません。武王の父文王は殷の時代に西伯（西方を治める諸侯の一人）として殷に不服の人々を宥め統率して叛乱を起さないやうに、あくまで殷の臣下としてふるまいました。時の詩にこれを讃へて、「王室はまさに焼き尽されてなくなりさうだ、焼き尽されてなくなりさうだが、その父母（西伯文王を指す）が身近にゐる。」といひ、また、「たけく勇ましい武士（文王を指す）は、諸侯の中の主君を護る楯と城のようだ。」といつてゐます。紂王の横暴な事は、その為すことは燎原の火のやうで、とても近づくこともできない程、諫めるなどとんでもない有様でありましたが、文王は人民を子供のやうにいたはり、人民も又文王を慕ひこれに従ひました。それなのに尚紂王を王室（天子）と呼び、文王を公侯と呼ぶのであります。このやうに文王と紂との関係に於いても名分を厳重にすること斯くの如くであります。孔子が申しますには、「文王は天下の三分の二を領有してなほ殷に仕へてゐた。文王の徳は至徳と言ふべきである、」（湯や武よりもすぐれてゐるといふこと）と。このように詳しく見て行けば聖人である孔子の意を正しく知ることができるのであります。

解説

ところで、周の末期時代に於ける孔子の努力についてみて来ましたが、周といふ国は実は革命によつて出来た国でした。しかもその革命の当事者である武王は聖人として古くからあがめられてゐるのです。これを孔子はどのやうに見てゐたかといふことがこの節の問題です。孔子はこれに明確な答へを用意してゐたのです。

幽谷は儒教の通説に従つて孟子の「一夫紂を誅するを聞く。未だ其の君を弑するを聞かず」の語を承認しながらも、文王を「至徳」とする孔子の言によつて孔子の真意を知ることができるとするのであります。この問題は実に重大な名分に関はる問題であつて、議論のあるところでありますが、幽谷の子である東湖はその『孟軻論』の中で、孟子の議論の矛盾を鋭く指摘して、「周王も亦文武の胤ならずや。軻（孟子のこと）何ぞ文武を信ずること厚くして文武に報ずること薄き」とのべ、結局して支那では倫理道徳を説きながら実際は倫理道徳が明らかでないのはその風土の然らしむ所による、と述べて居ります。禁令が沢山出るといふことは実は禁令が実効性を持たないからでありますが、声高に道徳を説くのもそれと同じ、といふことでせうか。

こゝまでが「承」です。

通釈

さて、輝ける盛んな国である日本国は、皇祖天照大神が国を開き給ひてよりこのかた、天地を父母と仰がれ、御子孫方は、代々すぐれた御徳を受継がれて天下をお治めになつてをられますので、世界の人は尊んで天皇とお呼びするのであります。我国は国土も広く人民も多いのでありますが、衆に秀でた力を持ち、飛抜けた知力を有つ者がをりましても、国の始め以来、未だ嘗てただの一日といへども庶民（一般国民）が天皇の地位に取つて代ることはなかつたのであります。このやうに、君臣の分、上下の分の厳正であることは、まさに天地が入れ替ることがないのと同じなのであります。故に皇統は悠遠であり国祚は長久であつて、苟も人が生活できる場所は勿論のこと、人跡未到の僻地まで遍く見渡しても、我国のやうな国は無いのであります。なんと偉大な国ではありませんか。

然し乍ら、建国以来長い年月が経ちました。これだけ長くなると、乱世もあれば衰へる時もあり、時代の変化は避けられません。中頃以降は、藤原氏が専ら権勢を振ひ、幼帝を擁立して摂政として天下の政治を壟断しました。天皇が幼稚の時には摂政と称しました（その政務を摂するのであつて位を摂するのではありません）。天子が成人されると関白と称しました。これは総ての政務を其の人に「関《あずか》り白《もう》す」といふことであります。ただしこれらは皆天皇の命じられたことであつて敢て僭称した訳ではありませんが、天子のお立場が、次第に実質を伴はない空虚なものになることは避けられませんでした。

鎌倉幕府が開かれますと、兵馬の権は武家に移り（＝覇者と位置付けてゐる）、室町幕府に至つては幕府を京都に、乃ち皇居の近くに置き、覇者として天下に号令しました。国民の生殺与奪の権は全くその手に帰し、朝廷の威を借りて高位高官に陞り、傲然として公卿達を顎で使ひました。摂政も関白も名のみとなつて、公方（室町将軍）の右に出る者はなく、まさに武士が大君となつたようなものでありました。

このような皇室の危機に際して、豊臣秀吉が、庶民から身を起して遂に覇業をなしとげ、天子を戴いて諸侯に命令し、日本国中を駆回つて天下を統一し、遂に藤原氏の世襲する所であつた関白の称号を奪ひとりました。その強さと云つたら目も向けられぬほどでありましたが、それでもなほ臣礼を執り皇室に仕へ、敢て自らを王と称しなかつたのは名分を重んじたからであります。名分が立つことによつて天下の人はこれを仰ぎ従ふのであります。従つて、鎌倉以来、優れた力を以て天下を望んだものは相次いで興りましたが、天皇の尊きことは全く変らなかつたのであります。

徳川家康公はそのやうな戦国に生れて、武力を以て天下を平定されました。乱暴な人を教化して悪事をさせないやうにし人民を善道に導いて死刑を行はずといはれたやうな善政を布き、皇室を君主として扶け敬ひ、征夷大将軍となつて関東に居を構へ、四方の群雄を抑へて天下を平和に導きました。その子孫は代々、東照公の功績をいよいよ明らかにすることに務められましたので、僅かな土地一人の民といえども従はない者は無くなりました。このやうに君臣の名を正しくし、上下の分が厳重になりましたことで、家康公の徳は文王にも劣らないものといへませう。

解説

一転して我国の歴史を顧みますと、そこには湯王武王のやうな非常な力を持つたものは数次に亙つて出てはきたものの、革命はなく、天皇の尊厳は微動だにしなかつたのであり、我国に於いては名分は保たれてきた、と述べます。

「天子垂拱」といふことについて、安見隆雄氏「「正名論」再考」(『水戸光圀と京都』所収)に於いてこの文字は本来は「無為にして治る」政治の理想の姿を述べたものであることを、『書経』および『神皇正統記』を引いて論証してをられます。たしかに、文字本来の意味は「南面して座して天下治る」といふ理想を示してをりますが、しかし幽谷は理想の時代が出現したと言つてゐるのではなく、むしろ天皇が政治の権限を制約されていく現実を言つてゐるのであつて、まさに「てをこまねく」状態＝実権から遊離して行く状態であるといつてゐるのです。

安見氏はまた、鎌倉と室町とを「覇」といひ、豊臣秀吉と徳川家康は「覇主の業」「鎮撫天下」と書き分けてゐる点に着目して、これは名分によつて書き分けたのであつて、夫々に対する幽谷の判断を示すものであり、さらに前年の論作である「幽谷随筆」との相違は幽谷の学問の一層の進歩透徹を示すものとされました。なほ、闕字は尊敬の意を表はすために用ゐる手法ですが、日本国及び皇室に関する表現以外には、「東照公」及び「幕府」（江戸幕府のみを意味する）に用ゐられてゐることにも注意してをられますが、これもまた「名分」に基く幽谷の判断をしめすものであります。

こゝまでが「転」です。

通釈

昔の聖人が朝廷にお仕へする方式＝謁見の礼を定めたのは、天下の人民をいましめるためでありました。天子は最高に尊く、誰にも頭を下げることはないけれども、それでも郊祀の礼を行ふのは上天を敬ひ従ふことを意味し、宗廟のお祀は先祖の天子の「かたしろ（神牌や神像）」に仕へることを意味する。それは天子と雖もなほ命を受けるところがあることを明らかにするためであります。聖人が君臣の道を謹むことはこれほど深刻なものであります。

まして我国は、開闢以来皇統は一姓（一つの姓で一貫してゐる＝革命がない）で、これを無窮に伝へ、三種の神器をお護りして天子の御業を受継がれ、古くからの教へや制度をよく護り従つてをられます。天皇の尊きこと世界に二つとなく、天皇を尊び仰ぎお仕へすることは、かの支那のよくわからない上天を祀つたり「かたしろ」を拝んだりする一種の戯れのような不確かなものとは較べものにならないのであつて、天下の諸侯臣民の手本となるべきものはまさにこんなにも身近にあるのであります。それでありますから、幕府が朝廷を尊べば諸侯は幕府を崇め、諸侯が幕府を崇めればその臣下たるものは諸侯を敬ふやうになり、そのやうにして上下の秩序は保たれ、諸藩は仲よくなるのであります。まことに名分と云ふものは厳正でなければならないのであります。

解説

再び君臣の礼が厳重であることを述べ、支那の郊祀や皇戸を祀る儀式が実態を伴はない空虚な児戯に類するのに対して、我国には三種の神器が厳存してゐることをあげて、天皇の存在が仮説の上に建てられてゐるものではないことを述べ、皇室の在り方が天下臣民の身近な手本であることを指摘し、そのやうな天皇を尊崇することが天下国家の安定の根本であることを強調します。

通釈

そもそも今、幕府は天下国家を治める立場にあります。上に天子を戴き、下に諸侯を従へてゐる姿は覇主の姿であります。一体、天下国家を治めるといふことは天子の政を摂するといふことであります。天子様が天下の政治から離れられて随分長い年月がながれました。ものごとは長く続くとなかなか変へることができません。それが時の勢ひといふものであつて、幕府が天皇の政務を代つて摂るといふことも時の勢ひに過ぎません（本来の姿ではない）。外国の人が、天皇は国事に預らずただ国王の供奉を受けてゐると申しましたのは蓋し実態を指摘したものと云へませう。（外国人は幕府を国王と称してゐますが）然し乍ら、天に二つの太陽は無く、世界に王は一人であります。我国には真の天子がおはします以上、幕府は国王を称してはなりません。王を称さずとも天下国家を治むる道は王道そのものでありませう。あくまで伯のまゝで王を称しなかつた文王は至徳といはれました。王になつて覇術を行ふことゝ覇者として王道を行ふことゝ、孰れが優つてゐるか自明のことであります。

日本は昔から君子の国礼儀の国と言はれて来ました。礼の最も重んずるところは分であり、分の最も大切な所は名であります。まさに謹まなければならないのであります。将軍は既に天子のまつりごとを摂してゐるのでこれを摂政といふべきであります。さうすれば名も正しく言葉も道理にかなうのであります。名が正しくなつて言葉が道理に従へば、礼と楽とが盛んになり、礼と楽とが盛んになれば天下が治るのであります。政治に携はる者は、どうして名を正すことを以て迂遠なこととすることが出来ませうか。（以上）

解説

幕府が実質的に国政を執つてゐることを時の勢ひとして肯定しながらも、それは飽く迄も天皇の執らるべき政務を代行してゐるに過ぎないのであつて、大君とか国王とか称してはならない、むしろその実態から言へば「摂政」と称すべきであると言ひ、最後にふたたび正名の意味を述べて結論とするのであります。

「以正名為迂也乎哉」とあるのは、『論語』の前述の箇所に、孔子が「必也正名乎（かならずや名を正さんか）」と言つたのに対して子路が「有是哉、子之迂也、奚其正（是あるかな、子の迂なるや、奚《なん》ぞ其れ正さん）」と言つたことを踏まえてをります。

ここに「外国の人（本文には異邦の人とある）」とあるのは、明の諸葛元聲といふ人物ださうです。このことは梶山孝夫博士のご教示によります。幽谷が広い範囲の文献を読破してゐたことを示すものであるとともに、幽谷は足利義満や新井白石のことは承知してゐたことでせうが、敢て外国人を持つて来て間接的に批判してゐるのです。

第二章　幽谷の政治論——封事を中心として——

封事を通じて幽谷の政策論——当時は経世論といひましたが——を考へてみようと思ひます。

初めに、「封事」と申しましたが、封事と申しますのは、意見書を、封をしたまま出す、つまり、有司の手を経ないで、直接君公に差し出す意見書を意味します。後に読みます「戊辰封事」に関連した武公の手書（文化五年九月）に、「いづれも封印にて指出すべく候」とありますのがそれであります。つまり、中間に立つ上司が、前もつて見て、差し止めたり、部分を削つてしまつたり、といふことが無いやうにする工夫であります。この制度は、シナで古く行はれ、日本でも、例へば、平安時代の「三好清行意見封事」など、早い例がありますから、特に水戸だけの制度といふわけではありません。

ところで、幽谷はまことに大量の封事、つまりは政治上の意見書ですが、を出してをります。『幽谷全集』に収めるもの、拾遺を併せて二十五通（もつともこれは二十四番目に上げられてゐる断簡は二番めの一部かと思はれるので、さうすると二十四通）、それに、未刊の写本「郡中利害封事」（これは子息の東湖の命名と思はれる）、併せて二十五通乃至二十六通に及びます。しかも、その大部分は、求められて出したものではない。何故、これほどまでに繰り返し上書したのでありませうか。

それは、東湖先生の書かれた「先考次郎左衛門藤田君行状」に、丁巳封事を引用して書かれてゐるところであります。すなはち、

忽チ蹶然《けつぜん》トシテ謂フ、「難ヲ君ニ責メズシテ、吾ガ君ハ能ハズトスルハ、コレ老子ノ己ノ爲ニスルノ術、豈、人臣君ニ仕フルノ義ナランヤ。吾常ニ老子ノ學ヲ惡《にく》ミテ、而モ又其ノ尤《ゆう》ニ倣《なら》フハ、吾素志ニアラザルナリ」、ト。ココニ於イテ、上書シテ時事ヲ陳ブルコト凡ソ數千言。（原漢文）

とあります。この文章を、全集の丁巳封事と比べると少し違つてゐます。

……然レドモ難ヲ君ニ責メズシテ、吾ガ君ハ能ハズト曰フハ、是レ老子ノ己ノ爲ニスルノ術、豈、人臣君ヲ敬スルノ義ナランヤ。臣既ニ老子ノ學ヲ惡ミテ、而モ又其ノ尤ニ倣フハ臣ガ素志ニアラザルナリ。（原漢文）

この両者が、臣を吾と置き換えたのはともかく、丁巳封事の本文と微妙に違つてゐるのは、東湖がその記憶によつて書いたからではなからうかと思ひます。といふことは、東湖は、父の封事を繰り返し読み、その主要なところは殆んど暗記してゐた、とみなければなりません。ここにも幽谷・東湖父子の深い繋がりが伺へます。東湖は、幽谷を父として慕ふと同時に師匠として生涯敬愛してゐたのです。

それはともかく、幽谷の封事は、「人臣、君ニ仕フルノ義」、つまり臣下としての誠意の表れでありました。「尤ニ倣フ」といふのは、自分が否定した、あるいは非難・批判してゐることを、その自分の言葉に反して同じやうに実行する、といふことです。つまり、老子を批判してゐるのに、その老子

と同じ事をする、といふことです。それは自分の本来の精神ではない、と。
実は幽谷には、丁巳封事よりも前、二十歳のときにも封事を提出して主君を諫めようとしたことがありました。これを「初度封事」といつてをります。この時は未だ身分も低く上書の手段を持たなかつたので、長久保赤水や宍戸太玄斎などを通して提出しようとしましたが、あまりにも激烈な文章であつたためか、握りつぶされてしまひました。この本文は伝はつてをりませんが、内容はある程度推測できます。
次いで出されたのが二十四歳の時の「丁巳封事」であります。この封事は漢文体で書かれてをり、文章は縦横に古典を引用するなど、幽谷の必死さと同時に一種の気負ひを伺ふことが出来ます。すなはち、その要点を書き下しにすれば、左の通りです。

……而ルニ今國用歳ニ窮マリ、士風月ニ衰へ、民力日ニ困《くる》シミ、而シテ政ノ大體壊《こぼ》テリ矣。朝四暮三、吾ガ目前ヲ支フ、譬へバ猶勞瘵羸疾《ろうさいるいしつ》ノ人、呼吸喘息、幸ヒ旦夕《たんせき》（＝朝夕のこと）ヲ延バスモ、若シ一タビ外邪ノコレニ乘ズルコト有ラバ、則ハチ良醫有リトイヘドモ復《ま》タ藥スベカラズ、手ヲ束《つか》ネテ其ノ斃ルルヲ待ツノミ。

……然レドモ難ヲ君ニ責メズ、吾ガ君ハ能ハズトイフハ、是レ老子ノ己ノ爲ニスルノ術、豈人臣君ヲ敬スルノ義ナランヤ。臣既ニ老子ノ學ヲ惡ミテ、而モ又其ノ尤ニ傚フハ臣ガ素志ニアラザルナリ。……請フ先ヅ富國ヲ論ゼン。夫レ師ヲ興スコト十萬ナレバ、日ニ千金ヲ費ス、石城湯池有リトイヘドモ粟無ケレバ得テ守ルベカラザルナリ。故ニ古ノ兵ヲ強クセント欲スル者ハ、必ズ先ヅ其ノ國ヲ富マス。……民ヲ養フニ道有リ。其ノ要ハ、弱キヲ扶ケ強キヲ抑ヘ、老ヲ養ヒ幼ヲ慈シミ、兼併ヲ禁ジ、遊惰ヲ戒メ、簡節疎目、信賞必罰ナル而已。（「簡節疎目」の簡はつづめる、「節目」は箇条。「信賞必罰」の信はあきらかにするといふ意味です。）今ノ吏タル者ハ是ニ反ス。……然リトイヘドモ、今ノ大弊二有リ。二弊除カザレバ則ハチ仁政ヲ施シ上策ヲ建テント欲ストイヘドモ、徒善徒法、何ゾ富國ニ益アラン耶。二弊ハ既ニ久シク邦家ノ沈痼《ちんこ》（＝長わずらい）トナル、瞑眩ノ薬ヲ用フルニ非ザレバ得テ醫スベカラザルナリ。臣之ヲ言ハント欲ス、閣下ノ駭キ且ツ怒ルコトヲ恐ル矣。何ヲカ二弊ト謂フ、曰ク、貨ヲ好ムノ疾、曰ク金ヲ借ルノ弊。

……臣嘗テ大坂ニ游ビ加島某ナル者ニ遇フ、因ツテ頗ル當世諸侯ノ貧富及ビ大坂借金ノ説ヲ聞クヲ得タリ。大抵今ノ諸侯ニ三等有リ。善ク自ラ其ノ國ヲ富マセテ給《きゅう》ヲ大坂ニ仰ガズ、大坂ノ人、爭ヒテ金ヲ出シテコレヲ借サント欲スレドモ、肯テ借リズ、權、常ニ己ニ在リ、此レ上等ト爲ス、黑田・細川ノ如キ是ナリ。其ノ國貧シキト雖モ、善ク借リテ善ク歸ス、人其ノ借ルヲ厭ハズ、侯家ノ息ヲ出シ商家ノ利を收ムル、皆定額アリ、而シテ胥吏ノ其ノ事ニ與《あず》カル者、僮僕ノ出納ヲ掌ル者、因緣朋比、以テ己ノ私ヲ營ム、此レ中等と爲ス、我ガ水戸ノ如キ是ナリ。

……今、大臣ヨリ胥吏《しょり》ニ至ル、皆敢ヘテ力ヲ其ノ職ニ專ラニセズ、……委任明ラカナラズ黜陟《ちゅっちょく》施ス莫シ、故ニ委瑣齷齪《いさあくせく》ノ人、反《かえ》ツテ其ノ任ニ久シキヲ得、累歲積月、祿ヲ增シ位ヲ進ム、奇偉《きい》倜儻《てきとう》ノ人ハ、常ニ掣肘ニ苦シミ、而シテ其ノ材ヲ竭《つ》クスヲ得ズ、或ハ直言ヲ以テ斥ケラル。……夫レ口ノ輒《たや》スク陳ズル能ハザル所ハ、既ニ諸《これ》ヲ此ノ書ニ筆セリ、而レドモ意ノ蘊《つ》ムトコロ、亦筆端ノ能ク盡ス所に非ザルナリ、臣ノ獻言今日ニ止マル、閣下幸ニ狂妄ノ誅ヲ寛ニシ、燕間ノ暇ヲ賜ハリ、臣ヲシテ進ンデ其ノ餘説ヲ盡スヲ得シムレバ、則ハチ退キテ重戮ヲ蒙ルト雖モ亦甘心スル所、……臣藤田一正、昧死《まいし》百拝上《たてまつ》ル。（原漢文）

（委瑣は小事に拘泥する、つまり俗人。倜儻は志が高く優れたさま。重戮は重い刑罰、すなはち死刑です）。

その初めの四行は水戸藩の現状を述べたもの、次いで「然レドモ難ヲ君ニ責メズ、吾ガ君ハ能ハズトイフハ、是レ老子ノ己ノ為ニスルノ術、豈人君ヲ敬スルノ義ナランヤ。臣既ニ老子ノ学ヲ悪《にく》ミテ、而モ又ソノ尤ニ傚フハ、臣ガ素志ニアラザルナリ。」と述べ、これより、「請フ先ヅ富国ヲ論ゼン」として改革の策に及びます。特に現下の大弊は二つあるとして、君公自ら「貨ヲ好ムノ疾」と「金ヲ借ルノ弊」を去るべきを論じて、「難ヲ君ニ責メ」、敢えて文公を直接批判し、語を継いで、若し直接意見言上の機会（つまり面談の機会）を与へられれば、心胆を吐露して悔いるところが無い。「退キテ重戮ヲ蒙ルト雖モ亦甘心スル所」、死刑に処せられても一向に構はない、と述べてをります。昧死とは、自分が蒙昧である為に死罪に値する罪を犯しました、といふ意味で、古くから上表文に用ゐる常套句です。

その要領は東湖先生が「先考次郎左衛門藤田君行状」に記したとほり、「始メ天下ノ大計ヲ論ジ、中ゴロ国家ノ急務ニ及ビ、終リニ権臣奸吏ノ、国ヲ蝕《むしば》ミ俗ヲ傷《そこ》ナフノ害ヲ弁ジ、反復指斥シテスコシモ避クルトコロアルナシ」、でありました。しかし、この封事は不敬であるとして、幽谷は処罰され、史館の職を奪はれて水戸に帰ることになります。次に掲げる「有感」の詩は、その折の詩であります。

弟子ヲ將《も》ツテ其ノ師ヲ累スルナシ、維《た》ダ昔、筍卿ニ李斯アリ、

抗直、能ク攻ム明主ノ短、佯《いつわ》リテ狂シ俗人ノ疑ヲ甘受ス、

正《まさ》ニ當ニ國ヲ憂ヒ身ヲ忘ルルノ日ナルベシ、豈是頭ヲ低クシ手ヲ拱《こまね》クノ時ナラン、

志大ニ才疎ニシテ底事ヲ成ス、上書未ダ報ゼザルニ歸期ヲ報ズ

と読むのでせうか。底事といふのは、何事といふこと、あるひは何故といふ疑問を表す言葉で、詩に多く使はれます。

意味は、むずかしいのですが、「弟子の分際でその師匠を煩はす（＝悩ます）ことはしないといふが、昔その師を累はした者が居た。それは筍卿の弟子の李斯であつた。真つ直ぐに主君の短をせめて（＝難を君に責めた）、わざと気違ひではないかといふ世間の疑ひを甘受した。そのやうな先人の事績を見れば、国を憂ひ身を忘れて尽くすには今を措いてない、いたづらに先輩や師匠の意向を気にして手を拱いている場合ではない。（さう思つて上書したが、）志は大きくても才能が足りない私は、いつたい何をしたのだらう。上書の結果が出ないうちに、免職帰郷の命令が出た」とでも訳せばよいのでせうか。上書の心境をよく表はしている詩だと思ひます。前に先輩によつて上書の機会を閉ざされた、そのことは頭にある。今回も決して先輩をないがしろにしたのではない。申し訳ないが止むにやまれぬ、今が

そのときといふ判断なのだ、と。李斯といふのは、荀卿に帝王学を学び、のちシナの秦の始皇帝に仕へて宰相になつた。郡県の制や焚書坑儒は彼の政策であり、また小篆を作らせたと伝へられてゐます。

幽谷の封事は拒否されました。それどころか処罰されて水戸に帰されました。先生は家居してますます勉学に励みましたが、二年の後、寛政十一（一七九九）年十二月、許されて再び江戸に召され、史館編修に復しました。

文化二（一八〇五）年に文公が薨じ、武公が立ちます。文化四年三月、武公が藩内に告知した諭書に応じて、幽谷は三たび封事を提出します。これは漢文体ではなく候文です。送り仮名の振り方は現在と異なりますがそのままにしてあります。読んでみませう。（返り点と振り仮名を付けました）

（丁卯封事）

……謹《つつしんで》按《あんずる》に、士民の心を得候は、仁政に在候事勿論に御座候所、世俗の仁政を論候もの、多くは姑息に流れ或は道に違ひて百姓の譽を干《もと》むと申事に罷《まかり》成り、一旦は人を悦ばしめ候へ共、後には繼べからざる勢にて、却て政理の妨を生じ、永久の道に無之《これなく》、……治世以二大徳一、不レ以二小惠一（治世ハ大徳ヲ以テシ、小恵ヲ以テセズ）と申事、諸葛孔明が格言、三代已後爲政の說にて、よく古聖人の意に叶ひ候もの、此一語に過たるは無之奉存候《これなくとぞんじたてまつりそうろう》、孔子は惠而不レ費（恵ミテツイヤサズ）と說給ひ、孟子は爲レ政者每レ人而悅レ之則日亦不レ足（政ヲ為ス者、人ゴトニシテコレヲ悦バサントスルトキハスナハチ日モ亦足ラズ）と被レ申候事（申されそうろうこと）、甚深遠の意味有レ之《これあり》候、然れば眞に仁政を御行ひ被遊《あそばされ》候はんには、先づ庸人姑息の論を破りて治體の大要を御考究被レ為レ在候様《あらせられそうろうよう》仕度《つかまつりたく》奉レ存《ぞんじたてまつり》候《そうろう》。……人君執中の道、寛猛竝用ひて、時中の宜《よろしき》に叶ひ候様被レ遊候事《あそばされそうろうこと》専要歟《か》と奉存候。

先づ、仁政を目標とすべきことを述べますが、仁政といふと、民衆に恩恵を施すことだと考へる人があるが、それは孔子や孟子が既に説いてゐるやうに、徒らに施しをするのは真の仁政とは云へない。時中の宜しき、すなはちその時々の諸条件を勘案して無理のない政策を実行することが基本であることを説きます。ちなみに、幽谷の目からみれば、現代の福祉政策、特にばらまき政策は真の仁政とはいへない、といふことでせう。まさに「継ぐべからざる勢」を醸成しつゝあります。

……扨、古今仁政の仕方其説まち〳〵に候へ共、つまる所は、孔子衛に適《ゆ》く時に、庶・富・教との給ひ、亦子貢が問に答て、足レ食・足レ兵・民信レ之との給ひ候事、是堯舜已來天地の古道にて、唐虞三代の書に、厚生・利用・正徳これを三事と名づけ候、即ち此三ケ條にて孟子王政を論ずる、先づ恆産恆心を說き、管仲が齊を以て霸たるも倉廩盈而知二禮節一、衣食足而知二榮辱一（倉廩盈チテ礼節ヲ知リ、衣食足リテ榮辱ヲ知ル）と云ひ、亦禮儀廉恥を以て四維とし、四維不レ張、國乃滅亡（四維張ラザレバ国スナハチ滅亡ス）と申候事、王霸純駁、其說各淺深ありといへども、皆三事の古訓に符合せざるは無二御座一候《ござなくそうろう》、……然れば今、聖賢全體大用の政を御擧被レ遊候はゞ、第一、足レ食厚レ生（食ヲ足ラシテ生ヲ厚ク）して人の庶ある様に、第二、利レ用足レ兵（用ヲ利シテ兵ヲ足ラシ）、齊國の富《とみ》候様に、第三、正ﾚ徳信ﾚ之（徳ヲ正シクシテコレヲマコトニシ）て教への立候様に致し不申候《もうさず》ては、眞の仁政とは難ﾚ申（申しがたく）奉ﾚ存候。

更に仁政の具体的な要件を説きます。厚生・利用・正徳の三事でありますこの三事は支那の古典である「尚書」にある言葉で、利用とは、生産・通商などの産業活動を盛んにして民の便利を増大すること、厚生とは、日常的に良い服を着、肉を食べるなど、民が飢ゑず凍えず豊かな安心した生活を送れるやうにすること、正徳とは、正しい道徳によつて民を導き、不正や怠慢を無くすやうにすることであります。

……しかしながら、凡そ事には緩急先後の序御座候間、いかなる道理なる事にても、時と所と位との宜《よろしき》に不ﾚ合候ては行はれがたく御座候、三事の義は始終の目當と極め置候。扨、……今日事業の尊く論卑しく行ひ易き所を手短に申候はゞ、先づ御用の日帳方《にっちようかた》を能《よく》御取調させ被ﾚ遊候事第一にて、次に大吟味方《おほぎんみかた》の會計を正しくして理財の節制を御立被ﾚ遊候事第二、次には御郡方の綱紀を御立被ﾚ成候て、牧民の政、眞實に行屆候様に被ﾚ遊候事第三、尤皆當時の急務たるべき歟と奉ﾚ存候、古より爲ﾚ政在ﾚ人（マツリゴトヲナスハ人ニアリ）と申候て賢者在ﾚ位、能者在ﾚ職（賢者位ニアリ、能者職ニアリ）と申姿に無ﾚ之候ては大有爲の功業は建がたく候、人君終ﾚ身以ﾚ道、修ﾚ道以ﾚ仁（人君ハ身ヲ終ヱルニ道ヲ以テシ、道ヲ修ムルニ仁ヲ以テス）の本《もと》立候て、大臣の賢者を御撰任被ﾚ成候はゞ、其下の諸有司は大臣の目利《めきき》次第にて夫々の職掌相 辨《わきまえ》可ﾚ申筈に御座候間、今日の急務を論じ候はゞ、日帳方・大吟味方・御郡方の三職をのみ汲々として申上候事、あまり〳〵論卑き様に候へ共、道《みちびく》二千乗之國一云々已下三句の政行はるゝも行はれざるも、此三職の得失に繋り候。……三職の事務に付取調の致方、愚案之趣、別次に可申上候。

しかし、三事は始終の目当てであって、実際の政治は「時・処・位」に合せなければならない。今の状況の中、改革の第一歩として、大事な部分、根本の部分で手の付け易い処を挙げれば、日帳方・大吟味方・郡方、この三職の引き締め建て直しが急務である。しかもこれは最も基本のところであるからこれを正さぬ限り真の改革にはならない、と、ここに水戸藩の現実から導き出された改革の具体策が提示されるのです。日帳方といふのはいはば事務局であります。次に何故日帳方の綱紀粛正が必要かといふことを、封事の本文を次に抄出してありますから、これを御覧になればよく分ると存じます。

一、書記の職（＝日帳方）、元來簿書を預り候迄にて、御政事に預り候筈は無レ之候へ共、重立《おもだち》候御役人は時々相替《あいかわり》、日帳方は其職を久敷《ひさしく》相勤、平日吏事にもなれ、前後の御見合も覺居《おぼえをり》候ゆゑ、歴々の族、諸事不案内なるよわみより、此輩を腹心に相たのみ候により、次第に要劇の職と罷成、自然と權を招き賄を納候者共も有之勢に罷成候。……胥吏の輩に權の歸し候も、畢竟簿書を取扱、彼是御見合と申物を相覺居候故にて、外に它《た》の技能無二御座一候へ共、日用の事、十に八九は故事に因循仕候を以て、書記無レ之候ては不二罷成一姿に候へ共、臨時の斟酌彼輩に了簡をかけ候時は、いやしき諺に申候蟹は甲に似せて穴を掘るとやらん申候如く、鄙夫の了簡、多くは卑劣瑣細にて、大に事態を失ひ候事有㆑之筈と奉存候……仍ては今度被㆓仰出㆒候御直書之趣を以て、祖宗の御舊章を御糺し被㆑爲㆑成候て、一體紀綱の振擧仕候様、御工夫被㆑游可㆑然御儀奉㆑存候《ごくふうあそばされしかるべきおんぎとぞんじたてまつりそうろう》。

これまた、議論の当否はさて措き、まさに現在かしましい脱官僚論を想起させます。大吟味方は会計方、郡方は地方行政の担当者を指します。この封事では、大吟味方郡方のそれぞれについても日帳方と同じやうに具体的に項を改めて論じてをりますが省略します。

以上が丁卯封事（文化四年）の概略ですが、大原則・基本を明示した上で、現実の水戸藩の諸問題を厳しく指摘してその根本的改革を具体的に提言してゐるのは、さすがであります。ただ、その提言が単に儒学の伝統に基くのみではなく、「祖宗の旧章」を重視してゐることは注目すべきでありませう。飛田逸民は、幽谷の言葉として、「宜シク威・義二公ノ旧制ヲ修スルヲ以テ名と為スベシ矣」といつたと伝へてをります。スムースな改革進行のために、藩の始祖ともいふべき威公・義公のなさつた事蹟に根拠を置け、といふのは確かに他人に有無を云はせぬ手段ではありますが、単に手段として用ゐると云ふことではないと思ひます。幽谷は、義公の修史の根本理念、その理想を追求して「修史始末」を著はしました。それは寛政九（一七九七）年、幽谷二十四才の時、実は丁巳封事の出された同じ年であります。「修史始末」はこの歳十月二十二日、「江邸ノ寓舎」において完成したとあり、封事の提出日、処罰の出された日付は不明ですが、おそらく該書は処罰の直前の完成と考へられます。

義公を深く研究し尊敬してゐた幽谷が単なる口実としたとは考へられません。

丁卯封事の概略は以上ですが、菊池謙二郎先生は、「幽谷全集」の「纂輯旨趣」（いはば序文を兼ねた編輯趣意）に於て、幽谷の封事は「皆経世憂国の至情に出でたる言ふまでもなく且つ其の学ぶ所を施さむとせしなり。かくする事を以て聖道に称《かな》へりとなせり。即ち学問事業の一致を期せり。（中略）幽谷のかゝる志望は後に弘道館綱領の一つとなり学問事業不殊其効として現はれたり。」と述べ、土地の兼併を改めるべしといふ幽谷の主張が烈公の全領総検地として実現することと併せて、後の時代への貢献を指摘してをりますが、更に、「封事の中に二事の特記すべきあり」として、「人事の批評」と「攘夷の提唱」を挙げてをります。会沢正志は「先生人物を臧否するを喜ばざりし」といつてゐるが、封事の中では公人の行動心術に対して是非曲直を直言して憚らなかつたこと、これが後の水戸人の気風に及ぼした影響がなかつたとは言へぬ、と推察し、攘夷については、初度封事に既に軍備の急を極言し、また文政六（一八二三）年の封事にも兵備を厳にして外夷掃攘の計を為すべしと論じ、翌文政七年、大津浜事件に際しては一子東湖を死地に送るなど、「幽谷は実に水藩に於ける攘夷の首唱者なり」とし、「後に勃興せる攘夷の志操、愛国の情操、幽谷に資る所蓋し多きに居りしならむ」と後世への影響の大きかつたことを総括してをられます。

ここまでお話すれば、幽谷の政策論といふ論題は一通り申し述べたことになりますが、最後に付録として戊辰封事を挙げて置きました。これは、武公が幽谷の意見を徴したのに対する上書でありますから、話題は限られてをり、主として武公の帰国の行装のことで、ついでに帰国に当つて注目される具体的な民心作興の手段、それも武公の主旨をどのやうにして明らかに示すかについて、面白い意見を出してをりますので、読んでみたいと思ひます。

戊辰封事

（文化五年九月二十九日附武公より幽谷への書簡）

來春歸國之所、當年は去年よりも少々不作之趣に付、家老初皆々申候は、鐵砲十五、弓十張、長《なが》柄《え》十本位に而、隨分人少に而歸國有レ之候方可レ然申候所、半介（渡邉）又一郎（高橋）は不承知に而、右之通省略致候ほどならば延引致方可レ然、……右故評議色々にて、我等甚こまり候故、内々先生之了簡承《うけたまわりたく》度存候、尤是は至極内々故、封物にて指出候樣存候事。

これは武公の諮問内容です。帰国に際しての行装を簡略にせよといふ意見と正規に行へと言ふ意見と、臣下の意見が分れて困つてゐる。ついては幽谷の意見を内々に申出よ、とあります。

次がこれに對する幽谷の封事で、日付は文化五年十月四日です。

一……愚臣存寄《ぞんじより》には、來春御歸國之義、外之御遊豫と違ひ、御國政の御爲メに候へば、年之豐凶に無二御拘一、御決策可レ然奉レ存候……乍レ去郡吏觀稼之御取附け相極《きわめ》候上、彌《いよいよ》凶作と申事にも御座候はゞ、連年之衰弊も御座候間、尚又御歸國に而、御自身御世話不レ被レ爲レ在候而は（お世話あらせられずそうらはでは）罷成申間敷奉レ存候。

凶作にて経費が足りないといふならばますます自身で帰国し、直接指揮して手を尽くすべきである。

一……御歸國の御行列御武器等御減被レ遊候樣にとの衆議、於レ私は（わたくしにおいては）甚卑劣之俗論と奉レ存候、……つまる所は財用の出納にのみ落入候事と奉存候、乍レ去國の大體を失候樣にては眞實節用之政は安心不レ仕候、纔三十里之御旅行とは乍レ申、御相續已後初而之御歸國、他所にても目を拭ひ拜見仕候處、何程御不勝手にても御行列御武器御減被レ遊、小大名衆之通行に不レ異《ことならず》候はゞ、四方より東方第一之雄藩と奉二仰望一候ものを、望を失ひ候事眼前に御座候、自餘の諸侯とも御違ひ　御三家の御身上にて、他國の輕侮を御招候樣成《なる》御行装に而は、公儀へ御對し被レ遊候而御奉公之御筋にも被レ爲レ叶間敷哉《かなわせられまじきやと》と奉レ存候、是一つ。平日とても武家の本意は、朝夕衣食之雜費を省き、軍役御定《おさだめの》人馬兵具無二不足一、可二相嗜一之儀勿論……御前々御代已後絶て御本式之御歸國も無レ之……纔三十里の間たまたま一度御本式之御下りさへ不レ被レ爲《なさせられず》成候と申事、餘りなる御不經濟と申物に御座候、夫にて國に人ありと可申哉、是二つ。凡そ國政の要は不レ失二信於士民一（信を士民にうしなはず）候事、第一に御座候所、先達而《せんだつて》御歸國被二仰出一（仰せいでられ）候節、御國政文武御引立之爲御下り候儀ゆゑ、御武備の外は何事も御差略云々御座候所……上にて左樣なる御仕置にては、何とて士大夫の素餐游惰を御禁可レ被レ遊候哉（ご禁じあそばさるべくそうろうや）、是三つ。……實は來春の御歸國有無によりて　國家安危之決候程に御座候、惣而《そうじて》事を成《なし》候には機會と申すもの大切と承及候處、此一大機會を御延し被レ遊候ては、御國政御行屆は河之淸を待と申樣成ものに奉存候。……

差略は簡単にすること、素餐は、何もしないでのうのうと食ふこと。ここでは三つの理由を挙げて簡略に反対してゐます。なほ、行装は帰国の主旨を示すものであるから威儀に気を配るべきであるが、女乗り物などは数を減らして必要最小限に、とも述べてをります。

一……古來明君賢主ト被レ稱候程之人、仁政を行候時、財用不足にて指支《さしつかへ》候物語御座候哉、是にて大抵相分り候事に御座候、無二政事一則財用不レ足（政事無キトキハスナハチ財用足ラズ）と孟子も被二申置一候、政事の大體をば失ひ居候而匹夫匹婦の簡略いたし候樣、ケチ〳〵したる卑劣瑣細の事のみ致居候而は百年かゝり候ても、國富兵强（国富ミ兵強ク）して敎化行れ候段に至ること出來申間敷候。……

十月四日

面白いですね。古来仁政を行つた賢君達が、財用不足で手を弛めたといふ話は聞いたことがない、と。この一文、実に痛烈で、金が足りないなどといつて何もしない俗吏への鉄椎であります。

（追記）御歸國に付御政敎御施行之次第數多可レ有二御座一候へども……乍レ去《さりながら》御歸國之最初より御手ひどき事も如何に御座候間、御祝儀心に、先づ寛大の御仁惠、一統へ御布き被レ遊（候）樣仕度奉レ存候、……士林の儀は文武御引立、民間之事は力田を御勸め之事肝要と奉レ存候、仍而《よつて》愚案仕候に……農民は鍬壹丁づゝ賜候樣仕度奉レ存候、……御家中は諸士已上へ毎レ人矢一筋歟二筋づゝ、其惣領・次男・三男等へは素本の孝經一巻づゝ被㆑下候様仕度奉存候、孝經之儀は御城下本四丁目に板行有㆑之、一冊の價、甚廉に御座候間、大勢之御家中の子弟へ不㆑殘一冊づゝ被㆑下候共、誠に少分の義……御領中數百箇村の百姓但中山備前守知行所の百姓迄被下候様毎戸鍬一丁づゝ被㆑下候はゞ少々御物入無㆑之にも非ず、……有司彼是之議も可㆑有㆑之候へども、……いづれも軍國之要器に御座候間、不㆑得㆑已候時は御役金之内より御出させ被㆑遊候而も一向御費《いっこうおついえ》と申には無㆓御座㆒候、……」

武士には矢を、農民には鍬を、といふのは一見無駄のやうに見えて実はさうではない。また、武士の子弟には孝経といふのも学問の基本です。武士の家庭で孝経の無い家も少ないでせうが、鍬をもたない百姓はおそらく居りますまい。しかし、学問によつて正しい人間になつてほしい、農作業に励んでほしいといふのが願ひなのです。その君主の想ひを端的に現はす物品を配付して意のあるところを知らしめる。それが狙ひであります。このやうな発想はやはり物事の本質を探求する深刻な学問から生れて来る、このことを考へなければなりません。

幽谷の封事は深い学問に裏付けられた揺ぎない信念、常に物事の本質を忘れない一貫性と、当意即妙臨機応変の事務策とが相俟つて、現在の政治を考へる者に、なほ多くの示唆を与へてくれます。幽谷の熱意は当時は実現を見ませんでしたが、やがてその門弟たちが名君烈公を支へて実現させて行きます。水戸藩天保の改革の端緒はここにひらかれたのであります。

以上をもつて終ります。御清聴有難うございました。

（平成二十四年九月水戸学講座）

第三章　送㆓原子簡㆒序

おはやう御座います。今日は、幽谷先生十七歳の時、寛政二（一七九〇）年三月に書かれた文章を読んで、先生の面影を偲びたいと存じます。

「原子簡ヲ送ルノ序」と読みますが、このやうな文章は「送序《そうじょ》文」と呼ばれ、遠くに旅するとか、新たな任地に赴くといつた時に、その行を盛んにし、又は訓戒を得んが為に、友人・知人・或は先輩など、普段に親交のあつた人々に依頼して作つてもらふ文章であります。この場合は、原子簡が江戸の史館に赴任するに際して、幽谷に一文を依頼したものであります。

本文に入る前に、原子簡について概略を申上げます。

原子簡は名を廸、通称を新助といひ、宝暦九（一七五九）年の生まれでありますから、幽谷よりは十五年の年長であります。天明四（一七八四）年十二月に扶持を賜はつて父の迹を継いで史館勤となり、六年には史館物書に上り、この寛政二年に三十二歳で江戸史館の物書き本席となりました。其後は寺社役や定江戸日帳方等を勤めて最後に寺社役に復して文政六（一八二三）年致仕、その年の末に六十五歳で亡くなつてゐます。小宮山昌秀や杉山策などと交流があり、一緒に勉強した仲間であります。

『幽谷全集』には原に与へた幽谷の書簡が他に二通載せられてをりますから、かなり親しい間柄であつたのでせう。

それでは本文を読みます。読みながら少しづつ解釈して行きます。

送二原子簡一序

昔孔子之作二春秋一也。筆則筆。削則削。子夏之徒。不レ能レ贊二一辭一。孟子稱。其事則齊桓・晉文。其文則史。孔子曰。其義則丘竊取レ之矣。使三春秋無二孔子一。則魯國之史記。與二夫晉乘・楚檮杌一奚擇。聖人有レ修レ之。其大義。炳如二日月一。尊レ王賤レ霸。勸レ善懲レ惡。內二中國一。外二夷狄一之類。不二一而足一。夫然後謂二之經世先王之志一。

原子簡を送るの序

昔、孔子の春秋を作るや、筆するは則ち筆し、削するは則ち削す。子夏の徒、一辞を賛する能はず。孟子称《い》ふ。「其の事は則ち斉桓・晋文、其の文は史。孔子曰く、其の義は則ち丘窃かに之を取れり矣」、と。春秋をして孔子無からしめば、則ち魯国の史記、夫《か》の晋《しん》の乗《じょう》、楚の檮杌《とうこつ》となんぞ択《えら》ばん。聖人これを修するありて、其の大義、炳として日月の如し。王を尊び覇を賤しめ、善を勧め悪を懲らし、中国を内にし、夷狄を外にする類、一にして足らず。夫れ然る後これを経世先王の志と謂ふ。

通釈

昔、孔子が『春秋』を作るに当つて、書かなければならないことは一つも漏らさず、削るべきことは容赦なく削つた。従つて孔子の門人でよくその詩学を伝へたと称される子夏であつても、たつた一文字でさえもこれを訂正追加などすることはできなかつた（この場合の賛は助ける、言葉を添へて助けるといふ意味でせう）。孟子はかう言つてゐます。「書かれてゐる事実は斉の桓公や晋の文公の事蹟であつて、その文章は正に当時の歴史家の文章に拠つたものではあるが、しかし、孔子はこれに手を加へて毀誉褒貶を明らかにしてゐる。だから、孔子は、この『春秋』に託された根本の精神、大義名分に就いては、自分が付け加へたものである、と言つてゐるのである、」と。若し『春秋』が孔子の手によつて書かれてゐなかつたならば、魯の国の歴史書も晋の乗や楚の檮杌と異なるところのない平凡な史書に過ぎなかつたでありませう。聖人である孔子がこれに手を加へたからこそ、その大義は太陽や月の如く輝いて明らかであります。即ち王を尊び覇者を賤しめて何が善であり何が悪であるかを明らかにしたり、自分の生れた国と外国との関係を考へる場合には自国のことを先づ考へる、といつたやうなことはいろいろと沢山あり、そのやうな訳であるから『春秋』は経世先王の志を述べたものだといへるのであります。

解説

『春秋』といふ書物は、本来は四季の中の春秋の二文字を採つて一年中の記録といふ意味を表はしたもので、編年繫月の記録といふ意味でありましたが、後に孔子の編纂した歴史書の固有名詞となりました。乗も檮杌もそれぞれの国の歴史書の名称であります。ちなみに、幽谷に「春秋不独魯史之名」〈寛政二年三月〉と「列国史書通名春秋論」（年月不詳）の論文があります。

子夏在㆓孔子之門㆒。嘗列㆓文學之科㆒。他日居㆓西河之上㆒。能辨㆓晉史三家之訛㆒。而不㆑能㆑贊㆓春秋一辭㆒者。蓋有㆑說矣。其文辭。或微而顯。或志而晦。其義。則孔子所㆓自取㆒。所謂非㆓聖人㆒孰能修㆑之者。固非㆔子夏所㆓能及㆒也。編㆑年繫㆑時。補㆓舊文之闕㆒。訂㆓日月之失㆒。是雖㆓妄庸之史㆒。猶或能爲㆑之。而況子夏乎。然春秋所㆑重。在㆑彼而不㆑在㆑此也。則子夏之贊辭。無㆓復所㆒㆑用矣。

子夏は孔子の門に在り。嘗て文学の科に列し、他日西河の上《ほとり》に居せり。能く晋史三家の訛を弁ずるも、而れども春秋に一辞を賛する能はざるは、蓋し、説有り。其の文辞は、或は微にして顕、或は志にして晦、其の義は則はち孔子の自ら取るところ、所謂聖人に非ずして孰《たれ》か能く之を修めんとあれば、固より子夏の能く及ぶ所に非ざるなり。年を編し時を繋ぎ、旧文の闕を補ひ、日月の失を訂するは、是れ妄庸の史と雖も、なほ或はこれを為さん。而るを況んや子夏をや。然れども春秋の重しとするところは、彼に在りてこれに非ざるなり。則はち子夏の賛辞も亦用ゐる所無きなり矣。

通釈

子夏は孔子の門人で、中でも文学に優れてゐると伝へられてをります（これは論語・先進第十一の2に「文学には子游・子夏」とあります）。彼が西河のほとりに住んで居た時に、晋の歴史書に「三豕渡河」とあるのは「己亥渡河」の過りであることを指摘した。それほどの学者であるのに『春秋』に関しては一文字も言葉を添へることは出来なかつたのでありますが、じつはそれには理由があるのであります。『春秋』の文章といふのは、ある部分は陰微ではつきりせず、ある部分は明瞭であり、またある部分は詳しく書いてあり（＝志、しるす）、あるところははつきりしないといふやうに一定していないが、その根本義は孔子が自ら撰びとつたものであつて、所謂聖人でなければよくこれを撰述する事はできないといふのですから、子夏程度の者がとても出来る事ではありません。毎年毎年に書き継ぎ、古い文章の欠けてゐるところを補つたり、月日の誤りを訂正したりすることなら、凡庸の史官といへどもなんとか出来る事でありませう。まして子夏のやうな孔子も認めた学才の人ならば容易い事でありませう。然しながら、『春秋』が価値を置くのは、このやうな文章の個々の問題ではなくして、大義の関はるところにあるのでありますから、子夏の賛辞は無用なのであります。

解説

「或微而顕、或志而晦」とありますが、『西山隨筆』に、「なべて三傳（＝左傳・公羊傳・穀梁傳）に注せる義、みな孔子の御心に協《かなう》べきことはかりがたし、況んや後儒穿鑿の説をや、聖人綱《こう》ばかりを載《のせ》給ふ中に自然と善悪盛衰後世の鑑《かがみ》となること、是そ經天緯地（天ニ經シ地ニ緯スル）の文と云へし。程子の「春秋大義數十雖炳如日星其辭隱微義難測」（春秋ハ大義數十、炳タルコト日星ノ如シト雖モ、其ノ微辭隱義、測リ難シ）と云て、易簡に言寡《すくな》く注せられしこそ至れるかな。」とあります。ここに義公の春秋観を見得ると共に大日本史の筆法の目指すところが推察できます。この送序の文の後半で幽谷が強調してゐるところはまさにここに在ります。ちなみに、幽谷の文は、前に出て来た「大義炳如日月」などと合せて、あるひは程子の文を踏まへてゐるのでせうか。

且聖人疑以傳レ疑。舊史所レ闕。不二敢輒增改一也。夏五・郭亡（公カ）。闕文也。而先儒之傳二稱孔子語一。雖レ未二必盡一。然古人謹重之意。亦可レ見矣。春秋之文。有二公而不レ卽レ位者一。有二氏而不レ名者一。有二月而不レ日者一。有二日而不レ月者一。孔子曰。吾猶及二史闕文一也。豈斯之謂歟。苟外二其義一。而論二其文一。則其謂二之斷爛朝報一也亦宜。

且つ聖人は疑はしきは以て疑を伝し、旧史の闕ける所は敢て輒《たやす》くは増改せざるなり。夏五・郭公は闕文なり。而して先儒の孔子の語を伝称するに、未だ必ずしも尽さずといへども、然も古人謹重の意、亦見るべきなり。春秋の文、公にして位に即かざる者有り、氏にして名せざる者有り、月にして日せざる者有り、日にして月せざる者有り。孔子曰く、「吾猶史の闕文に及べり」、と。豈斯れ之を謂ふか。苟もその義を外にしてその文を論ずるときは、則はち其れこれを断爛朝報と謂ふや亦宜《むべ》なり。

通釈

しかも、孔子は疑はしきことでもそのまま疑はしいとして記し、また、古い記録に書かれてゐないことを容易くは増補改定をしなかつたのであります。例へば桓公十四年に「夏五」とあつて月が欠けてゐる。また、荘公二十四年の条で、「郭公」とある下に記事を欠いてゐる、などはその例であります。先人が伝へてくれた孔子の言葉は断片で充分ではないけれども、しかしそれらを通して古人、即ち孔子が歴史を編纂するに当つて極めて謹み深く古伝を尊重しつつ執筆したことがわかるのであります。『春秋』の文章は必ずしも満足すべきものではなく、例へば公と称されてゐるのに位に就かなかつた者もをり、また、氏だけ記して名が無い場合があり、あるひは、月だけあげて日が無かつたり日があるのに何月なのか分らなかつたりしてをります。孔子は「自分は、昔の史官が、疑はしきことは敢て書かず、後世の識者を俟《ま》つといふ態度であつたのを見た」といつてゐるが、蓋しこのことを指すのでありませうか。いづれにしても『春秋』の根本義を措《お》いて文章のことだけを論ずるならば、まさに「断爛朝報」といふ評価もまた当つてゐるのであります。

解説

この孔子の言葉に就いては古来議論のあるところで、例へば「闕文」といふのは、「史」の文字の下に文章が欠けて居たので、「闕文があるぞ」といふつもりで書いてあつたのが、後から本文に入つてしまつたのではないか、などといふ説もあつて、難解なところですが、幽谷先生は、不確かなところは書かないといふ態度に採つてゐるやうです。

また、断爛朝報といふのは、宋時代の王安石が論語を譏つて、「あんなものは切れ切れになつた朝廷の記録＝断爛朝報に過ぎぬ」といつたといふ故事を踏まえてをります。つまり、『春秋』は文章を云々するのではなくそこに寓された大義名分を見なければ何の役にもたたぬ、といふことです。

我　西山公。嘗憂下是非之迹。不レ明二於天下一。而善人無レ所レ勸。惡者無上所レ懼。乃慨然修二大日本史一。上議二　皇統之正閏一。下辨二人臣之賢否一。尊二　帝室一以賤二霸府一。内二　天朝一以外二蕃國一。蓋庶二幾乎聖人經世之意一矣。史册絶筆之後。載籍闕文之餘。罔二羅天下放失舊聞一。協二異傳一。整二雜語一。其世則終二始　百王一。其事則上二下二千餘歳一。與下孔子因二魯史一。修二春秋一。以中紀二十二公。二百四十餘年之事一者上。其難易相去也遠矣。故其間闕文亦不レ鮮。後人或不レ達下孔子修二春秋一之義上。故不レ能レ知二　先公作レ史之旨一。謂。其爲レ書。屬レ辭比レ事而已。或乃至下以二闕文一病上レ之。何其不レ思之甚也。

我が西山公、嘗て是非の迹天下に明らかならずして、善人勧むるところ無く悪者懼《おそ》るるところ無きを憂ひ、乃ち慨然として大日本史を修す。上は皇統の正閏を議し、下は人臣の賢否を弁じ、帝室を尊んで以て覇府を賤しめ、天朝を内にして以て蕃国を外にす。蓋し聖人経世の意に庶幾《ちか》らんか。史冊絶筆の後、載籍闕文の餘、天下の放失の旧聞を網羅し、異伝を協《あわ》せ雑語を整ふ。其の世は則はち百王に終始し、其の事は則はち二千余歳を上下す。孔子の魯史に因つて春秋を修するに、十二公二百四十余年の事を以てすると、その難易相去るや遠し。故にその間闕文も亦鮮なからず。後人或は孔子春秋を修するの義に達せず、故に先公史を作るの旨を知る能はず、謂ふ、其の書たる、辞を属し事を比するのみと。或は則はち闕文を以てこれを病むに至る。何ぞ其の思はざるの甚だしきや。（ここから一転して『大日本史』を論じます。ちなみに、この部分では「大日本史」と記し、次の部分では「日本史」と記してゐるのは、誤植かと思はれます。）

通釈

さて、我が水戸藩の二代目の藩主であられた西山公（光圀・義公）は、むかし若い頃世の中を見て、ものごとの是非善悪が世の中によく知られてをらず、そのために善人が助け励まされる事なく、かえつて悪人が怖ぢ恐れて萎縮することもなく大手を振つて生きてゐるのを御覧になつて、これではいけないと発憤して『大日本史』の編纂に着手されたのです（ここに『大日本史』とあり後には「日本史」とあります。はつきりはしませんがここは衍字かと思はれます）。皇統の系譜を検討してその正統と閏統とを弁別することを始めとして歴代の臣下の業績を明らかにし、皇室こそは最も尊く、幕府などは一段と低い地位にあること、我が国こそ我等の居るべき中心であつて、外国は如何に優れてゐやうとも外国である、といふことを明瞭にされました。この『大日本史』の根本義を見れば、まさしく、聖人が世の中を導かれる、といふに近いと云へるではありませんか。

正規の歴史書（六国史など）が書かれなくなつた時代についても、史実を索めて各地に分散してゐる史料を出来るだけ聚めたり、異なつた伝承や民間の雑説などまで蒐集整理してきました。その執筆の時代は百王（天皇百代）に及び書かれた時代の長さは二千年を上下しました。孔子が魯の歴史書に拠つて『春秋』を書き記したのは、王侯の時代にして十二代二百四十年余りのことであつたことを思へば、編纂の苦心と云ふものはとても比較になるものではありません。従つてその間の闕文も少なくはないのであります。ところが後の人は、同じく闕文のある春秋、断爛朝報と譏られる『春秋』を孔子が作つた真意を理解できず、従つて西山公の主旨をもまた当然知ることができず、「この書物はただ事実を羅列してゐるだけではないか」と批評し、または「闕文が多いのが欠点で、惜しいものだ」、などと云ふのである。何と考へなしなのでありませうか。

解説

義公は聖人に匹敵し、『大日本史』は聖人経世の書であるといふことです。

なほ、義公は『西山随筆』の中で次のやうに述べてをります。「毛呂己志（もろこし＝シナ）を中華と称するは其國の人の言にハ相應なり、日本よりは稱すへからず、日本の都をこそ中華といふへけれ、何そ外國を中華と名付んや、そのいわれなし。」と。荻生徂徠などとはその見識に於て天地の懸隔があります。

西山公既薨九十年。今公以下先公之志。在上レ竢二後世君子一故。將下以校二讐其書一。鏤レ板以公中

天下上。乃擇下史臣堪二其事一者上。就二史局於江戸藩邸一。以從二其業一。原兄子簡。亦充二其選一。於レ是。同僚之士。爲二詩若文一。以送二其行一。

西山公既に薨じて九十年、今公先公の志、後世君子に竢《ま》つあるを以ての故に、まさに以て其の書を校讐し板に鏤《きざ》んで天下に公にせんとす。乃ち史臣の其の事に堪へる者を択び、史局に江戸藩邸に就かしめ、以て其の業に従はしむ。原兄子簡も亦其の選に充《あ》てらる。是に於いて同僚の士、詩若しくは文を為《つく》りて以て其の行を送る。

通釈

西山公が亡くなられてから既に九十年の歳月が流れました。今の主君（文公）は、西山公の志が「後世の大手筆に俟つ」（＝『大日本史』の叙にある言葉）とあるのを承けて、暫く停滞してゐた事業を再開して大いに昔の草稿を点検し、誤りを正して出版しようと、史臣の中からその事を任せるのに足る人材を選抜し、編纂所を江戸の藩邸に設けて専ら校讐に当らせることにしました。友人である原子簡もまた抜擢の撰に入りました。そこで、同僚の諸士は挙つて詩や文を作つてその行を盛んにすることになりました。（竢は俟の古字です）

余竊嘗以爲。日本史之爲レ書。是非褒貶。自二 先公之志一。而屬レ辭比レ事。假二諸良士之手一。亦何竢三後人之贊二一辭一哉。然則子簡之業。亦不レ過レ辨二三豕之訛一焉爾。春秋闕文。無レ害三乎其爲二經世大典㆒。則子簡宜㆔服㆓膺古人謹重之意㆒。豈得㆘妄爲㆓穿鑿㆒。以亂㆗舊章㆖乎哉。子簡之所㆓從事㆒。日本史之業。而日本史。乃　先公之所㆑寓㆑心。春秋之後。乃有㆓斯書㆒。故余於㆓子簡之行㆒。論㆓次春秋之義㆒如㆑此。書以贈。

余窃かに嘗ておもへらく、日本史の書たる、是非褒貶先公の志に自りて、辞を属し事を比するに諸《これ》を良士の手に仮《か》る。亦何ぞ後人の一辞を賛するを竢たんや。然れば則はち子簡の業も亦三家の訛を弁ずるに過ぎざるのみ。春秋の闕文は其の経世の大典為《た》るに害無し。則はち子簡、宜しく古人謹重の意を服膺すべく、豈妄りに穿鑿を為して以て旧章を乱すを得んや。子簡の事に従事するは日本史の業、而して日本史は乃ち先公の心を寓するところ、春秋の後乃ち斯の書有り。故に余の子簡の行に於いて春秋の義を論次すること此くの如し。書して以て贈る。

通釈

私は、以前から考へて居ることがあります。『日本史』（大といふ字を省いてあります）といふ書物の、其の内容の是非褒貶、すなはち正邪曲直の判断は（聖人の如き）西山公の判断によつて為されたものであり、順序次第を並べたり他と比較したりすることを優れた人々に委ねられただけでありますから、一体どうして後の人間が「一辞を賛する」（前に子夏の徒、一辞を賛する能はず、と出て来ました）ことが出来ませうか。といふことであれば、子簡の仕事も子夏のやうに「三家」は「己亥」の誤りであるといふことを指摘する程度に過ぎないのであります（それを越えることはできない)。『春秋』の文章に闕文があることは、『春秋』が、世の人を大きく裨益する書、優れた政治の教科書であることに些かも害に為つてはゐない。つまり子簡は先人の謹重の意を充分に感得してそれに従ひ、勝手に文章をいぢくりまはして本文を混乱させ、その大義を不明にするやうなことがあつてはならないのであります。繰返しますが、子簡の従事する業務は『日本史』の仕事なのであります。しかも『日本史』は西山公が深く心を寄せられたところ、『春秋』が世に出てから長い年月を経て、ようやく『春秋』に匹敵する本書が出版されやうとしてゐるのであります。このような重大な事態であることをよくよく認識するが故に、私は敢て改めて春秋の本質(それはそのまま『大日本史』の本質)を論じて子簡の覚悟を促すのであります。以上のことを記して差上げ、送別の辞とします。

以上要領を旨として通釈して参りました。少しく付け加へます。

先づ注目すべきことの第一は、先生の学識であります。これは今更申すまでもないのでありますが、十七歳にして既にこの見識を有してをつたのであります。十七歳といへば現在では高等学校の二年生、もとより教養の内容が現代と当時とは全く異なりますが、その博覧強記よりもむしろ物事の本質を道破する力に驚かされます。先生の学習の姿は、石川久徴の『幽谷遺談』にいくつかの話が載つてをります。年代は不明ですがその一つを現代ふうに翻訳して御紹介しますと、次のやうな話であります。

幽谷先生がいつも一緒になつて会読、つまり学習会をしてゐたのは小宮山昌秀（楓軒）・杉山策（復堂の父）・そしてこの原新助（子簡）などであつた。あるとき、自分（石川）もその席に参加したことがあり、その時は『列子』を順番で講釈してゐた。その時幽谷が云ふには、「私は、今日は下見をして来ませんでしたので、遠慮して皆さんの御講義を拝聴しませう」と。ところが或る一人の解釈を聞いてゐて、その解釈は間違ひではないか、と云ふ。いや先達の解釈の通りであり別の人もこのやうに解釈してゐる、これで良いのではないかと、しばらくあれこれ論争になつたが、やがて小宮山が明の学者の随筆のやうなものを抄出して書き込んであつたのを示して、この説は幽谷の説に合つてゐるといつて紹介した。すると幽谷は、多くの人は列子の主旨をよく理解してゐないから、先程のやうな誤りを犯すのです、といつて懇切に解説したので一同は感服した。その帰り道に、小宮山が私に、藤田は優れた才能があるとは思ふが、まだ書物をそれほどは読んでゐない。自分は彼に刺激されて、彼が五部読むならば自分は十部読むといふやうにすれば対等で居られるであらうと考へてをつたが、貴方も今日お聞きになつたやうに、われわれのやうな能力ではどれ程の書物を読んだところで是非の判断をつけることは容易ではない。ところが幽谷は列子の主題・根本はかうだ、と初めから見抜いてゐる。より多くの書物を読めば勝てるだらうなどと思つたのはまことに浅はかであつた、と語つた、と。このやうな幽谷と日常に接してゐた子簡であつたので、十五歳の年長にも拘らず幽谷に送序の文を需めたのでありませう。

第二点は義公との通底であります。

幽谷は列子の根本を見抜いてゐたやうに、『大日本史』の本質を見抜いたのです。『大日本史』は我が国の『春秋』であるといふ幽谷の判断は決して根拠のない空想ではありません。前に引用した「西山随筆」にも明らかですが、更に『春秋』に関する「属辞比事而已」といふ批評に対する朱熹の表現、「聖人春秋ヲ作ル、其事ヲ直書スルニ過ギズ、而モ善悪自ラ見ハル」といふ言葉と、『大日本史』の叙文の「史ハ事ヲ記スル所以ナリ。事ニ拠リテ直書スレバ、勧懲ヲノヅカラ見ハル」とは符節を合せた如く、おそらく大井松隣はこの朱熹の文を踏まへたものと思はれますが、多くの人がこの関連に気付かず、等閑視してゐた中で、『春秋』と『大日本史』に同等の価値を認め、しかもこれを説いたことは重大であります。義公の精神をその根底から理解しその精神の再興をめざしたことは、実に所謂後期水戸学の方向を定めたといふことが出来ませう。

一体、幽谷は何時頃義公の精神に気付いたのでせうか。このことを明確にすることは出来ませんが、十四歳の時に、高野子隠を常陸太田の寓居に尋ねて泊めて貰つた折の礼状が「幽谷遺稿別輯」に載つてゐます。それによると、目的は金砂祭礼の見物に在り、西山荘は訪ねてをりません。しかも、「先公ノ勝地ニ隠ルルハ蓋シ在昔ノ群賢ヲ慕フ也、余ノ当時ノ美芳ヲ尋ネ探ラント欲スルハ亦先公ノ逸事ヲ欽慕スレバ也」などとその気風を慕ふ気持は強く書かれてをりますが、修史との関連には触れてをりません。つまり当時は未だ優れた敬慕すべき大先輩、少年の憧れといつた印象であつたのではないかと思ひます。

その翌年、幽谷は史館に入り史館小僧となります。未だ微役に過ぎない。しかし史館の一員であるといふことは義公の『大日本史』に繋がる第一歩でありました。おそらく、幽谷の修史に関する関心と使命感とはこの時に明確に意識されたのでありませう。そして幽谷は、持ち前の勤勉さで義公修史の一部始終とその精神の探求に突き進んだ。さうして見出した確信が早くも原子簡に向つて吐露され、更に歳月を重ねて寛政九年の『修史始末』の著述となつて結実するのでありませう。

以上、色々なことを申しましたが、義公と幽谷とがその根本精神に於て相通じてゐたことをこれ程明瞭に示してゐる文章は他にありません。この文章は、義公と幽谷との関係、そしていはゆる後期水戸学を理解する上で極めて重要な一文といふことができると思ふのであります。

不十分な解説でまことにもうしわけありませんが、どうぞそれぞれ充分に御研究下さい。以上を以て終ります。失礼しました。

（平成二十三年八月　水戸学講座）

第四章　東湖先生の面目

（この一文は、平成十年度の水戸学講座の最後、則はち第五回目の講演であり、嘉永六年以降を話題にしたものです。）

藤田東湖肖像
（『新定　東湖全集』より転載）

嘉永六（一八五三）年は、次が安政元年であり、東湖先生は、安政二年の大地震で亡くなられるわけでありますから、僅か二・三年の間でありますが、この間、先生は江戸に出られ、烈公を扶けて活躍される。なんとかこの国の態勢を立て直さうといふ努力の日々が続くのであります。特に目立つた特別の施策を立案実行したといふことはありませんが、多くの志ある人達が、連日のやうに東湖先生を訪ねて来ます。東湖先生非常な忙しさでありました。それらの人々との会見・談話を通して様々な影響を与へてゆく。そこに、此の時期の東湖先生の果した大きな役割があると思ひます。それまでは、有志大名やその御供の人々、あるひは幕府の役人、学者といつた人々との交流が中心であつたやうですが、この時期には、身分の低い各藩のいはゆる志士達が出入りしてをります。越前の橋本左内（景岳）を知り、彼を中根雪江に推薦して藩政に関るやうにさせたのもこの時期のことであります。

東湖先生の伝記は幾つか出てをります。鈴木暎一氏（茨城大学名誉教授）が書かれたものは人物叢書に入つてをり、但野正弘氏の書かれたものは「水戸の人物シリーズ９」として水戸史学会から発行されてをります。古いものでは西村文則氏の『藤田東湖』といふのもあります。これらの書物によつて東湖先生の交遊関係を探つてみますと、実に多くの人物と関係があります。先生の立場からすれば当然のことではありますが、当時の主要な人物とはことごとく何らかの関係があつたといつて良い程であります。

例へば、これは未だ嘉永以前でありますが、矢部駿河守。この方は、水野越前守に引立てられた逸材の一人で、江戸町奉行等を経歴した人ですが、天保十三（一八四二）年に鳥居甲斐守に陥れられまして、終身禁固の刑に処せられ、絶食して自害された方であります。東湖先生はこの人を偲んで幾つかの詩を作つてをります。

それから林鶴梁。当時、攘夷派の幕臣で、儒者として有名な方であります。先日、ある骨董屋さんが持つて来られました一幅の書は烈公（水戸斉昭）の隷書でありましたが、これは林鶴梁に与へられたものでした。

また、川路聖謨《としあきら》。この人も幕臣の中の俊秀でありまして、露使プチャーチンとの交渉に活躍した一人でありますが、烈公は、この人の求めに応じて一首の歌を贈つてをります。これは荷見様から茨城県立歴史館に寄贈された原本が残つてをります（本書所収「烈公の魅力」参照）。烈公と川路との互ひに深く許しあつた間柄が偲ばれますと共に、この間の仲介役が東湖先生であつたことはいふまでもありません。身分の如何に拘らず、志ある人々は、水戸に心を寄せ、水戸もまたこれに応へたのであります。

土佐藩ともかなり深い関係が出来てをります。山内容堂公は始め忍堂と号してゐたやうですが、「衆を容るるは人君の徳なり」と東湖先生が揮毫して山内公に呈したので、容堂と改めたといひます。また、容堂公が「余の如き者が、如何にして千古の大業を建つべきか」と聞いたのに対して、「尊王の大義を掲げて謀反すべし」と応へたこともあつたと伝へてをります。これはもとより現実の倒幕を要請したのではなく、いま必要なことは、尊王の旗の下に国民が結集することであり、土佐藩がそのための魁になるならば、容堂公の功績は抜群となり歴史に残るであらう、といふことでありませう。

このやうな関係を見て参りますと、水戸藩は佐幕であつたとか、倒幕であつたとかいふ議論の浅はかさがよく分ると思ひます。水戸学は、一方を悪と規定して対立抗争を事とするやうな、いはば、二元対立的思考法（例へば階級闘争観）に立つものではありません。今この時に、この国のために最善を尽すといふことが一番大切なことであり、その為には信頼し得る人物と交流を深め、互ひに励まし合ひ、志を成さうとしたのであります。でありますから、情勢が日に非となり、幕府の力ではもはやどうにもならなくなつた時、武力によつて抗ふのではなく、他ならぬ水戸出身の慶喜公の手によつて

「日本国の為に幕府を葬る」ことになるのも当然の結論なのであります。

脱線しましたが、これらは、ほんの一例であつて、東湖先生の人間関係は非常な拡がりをもつてをりました。島津斉彬公と烈公の関係は有名ですが、幕末の傑物中の傑物である越前の橋本左内（景岳）や薩摩の西郷隆盛も東湖先生に心酔した人々であります。西郷が東湖先生に会つた日付は、安政元（一八五四）年七月二十九日であるといひます。これは、西郷がやうやく江戸に出ることが出来まして、予て心に掛けてゐた東湖先生を訪問した日であります。この日のことについて西郷がお母さんに送つた手紙が西村さんの書物に援いてありますので、一寸読んでみます。

東湖先生もしごく丁寧なることにて、彼の宅へさし越し申候と、清水に浴び候塩梅にて、心中一點の雲霞なく、ただ清浄なる心に相成り、云々

ここに東湖先生といふ人物の人柄、その魅力が端的に表現されてをります。実は、田口秀実といふ人（この人は、もと水戸の商家の養子に入り、東湖先生の青藍舎に入門した人ですが、やがて先生の推薦で勝下村（現鉾田市）の庄屋に再入婿して民政に尽力した人物であります）が書き遺された『青藍遺事』といふものにも、似たやうな話が伝へられてをります。どういふ話かといひますと、水戸藩の医師（烈公の側近の一人）に松延貞雄といふ人がをりました。此の人は大変気難しいひとで、家人も常にその機嫌を損ねないやう戦々恐々としてゐるといふやうな人であつたのですが、この人が東湖先生を訪問して帰つて来ると、二・三日は実に穏やかな別人のやうになるので、家人は、本人が先生を訪問することを

非常に喜んだ、といふことであります。

これはまことに偉いことでありまして、先生は誰に対しても親切丁寧であつた。先生の学問に裏付られた誠意と情熱が人を感動させる、先生の心中に一点の曇りのないことが明快透徹した判断を可能にするのでありませう。先生の謦咳に接した人は、その明快透徹、しかも自由自在の談論に、自らの迷ひや屈託を払はれ、爽やかな元気を頒ち与へられるのであります。

そのやうな東湖先生の晩年の実際の談話がどのやうなものであつたか、海江田《かえだ》信義（俊斎）の『（維新前後）実歴史談』（続日本史籍協会叢書）から想像して見たいと思ひます。海江田信義は、桜田門での井伊大老の襲撃に、薩摩からただ一人加はつた有村次左衛門の実兄であります。日下部伊三次の嗣子となり、その旧姓海江田に改姓したものです。又の名は武次。薩摩誠忠組の一人で嘉永五（一八五二）年に江戸に出てをり、明治になつてから子爵に叙せられ、枢密顧問官になつてゐます（判読の便の為に本文には無い振り仮名、濁点および句読点を附け、通行の字体に改め、また読み易くするために段落を設けました）。この筆記は晩年の回想ですからそのまゝではないにしろ、その雰囲気、その本質は十分に伝はる、実に有難い史料であります。

俊斎一日薩摩の記録奉行汾陽《かわなみ》彦次郎を叩き、偶々《たまたま》藤田東湖翁の出府あるを聞く。翌日私に樺山三円を伴ひ、翁を小石川の水戸邸に問ふ。翁、所労の故を以て謝す。俊斎曰く、実に然るか、明日再び訪はん、明日若し遇ふことを得ずんば、次日を以て復重《またかさ》ねて来らん、余は仮令《たとい》幾日を複《かさ》ぬるも、唯先生に接せんことを期望するのみと。

将《まさ》に辞し去んとするや、翁、侍者を走らして召還す。二人堂に昇る。少焉《しばらくあつて》、翁、袴を着け朱鞘の三尺刀（翁の話に、此三尺刀は、余の先子手自ら製錬せし所の遺刀なり、故に余は須臾《しばらく》も之《これ》を離さずと。翁の先子は即ち藤田幽谷先生なり）を手にして出でゝ邀《むか》ふ。状貌雄偉、眼光人を射、風采凜乎として侵すべからざるものあり。一見して天下の偉人たるを知る。

俊斎揖拝《ゆうはい》（おじぎする）して曰く、生等、先生の英名を欽《きん》する（慕ふ）こと久し。而して頃日《このごろ》意窃《こころひそかに》水府に赴かんことを企図せり。茲《ここ》に先生の出府あるに遭《あ》ひ、今日又謦咳に接するを得たり。至幸之《これ》に過ぎず。

翁曰く、余が所労の故を以て離拒したるハ、其実余ノ出府ハ僅に両日前に在て、未だ登営の礼（江戸城への報告）を果さゞるに由れり。然れども子《し》等の熱望する所、黙止難きを以て、再び招《よび》返して面接す。而して子等が余を慕ふの切なる、誠に謝するに耐へず。然れども余の心中に於いて、何ぞ慚靦する（恥入る）所なからんや。

俊斎曰く、方今《いま》天下の形勢たる、外患内憂並び至れり。宜く武威を振起して、一朝緩急あらハ、一死以て国に殉ずべし。生等が久しく先生を欽慕する所以のもの、専ら今日《こんにち》の実際に方《あた》りて、先生の明教を仰《あおが》んと欲するに在るのみ。請《こ》ふ、垂誨を吝《おし》む勿れ。

翁曰く、余は素《もと》より文もなく武もなく、唯顔色黒くして眼大なるのみ。仮令余の指誨を受くるも、恐らくは終に益なからん。然れども余は只一片の丹心あり。常に邦家の隆替を慮《おもんぱか》り、方今士気の沮喪せるを歎ぜり。子等の志も亦余と感を同ふするものあり。子等の余に於ける、年に老少ありと雖も、意気相投ずるに於ては、只宜く好誼を厚ふし、以て互に天地正大の気を養はんのみ、と。

これが初対面の挨拶であります。年齢の老少に拘らず「互ひに天地正大の気を養はんのみ」、良い言葉ですね。先生の基本的な態度はこれに尽きる。

翁又談柄を一転して曰く、我藩、曩《さき》に罪を幕府に獲《え》て、景山公（徳川斉昭・烈公）は禁固に処せられ、余と及び戸田銀次郎（忠大夫忠敞）も、亦獄に繫《つな》がれ或は禁錮せられ、前後既に九年の星霜を消了せり。其状、宛《あたか》も達磨《だるま》を学べるもの〻如し、と。

このことは、水戸藩の所謂弘化甲辰の国難を指します。先生は小石川、次いで小梅の水戸藩邸の一室に幽閉され非常な辛苦を嘗められますが、正気些かも衰へることなく、「正気歌」「常陸帯」などの著述を成してをります。

言ひ訖《おわ》りて微笑し、更に語を継で曰く、這回《こんかい》、米船の吾国に渡来するに方《あた》り、余は卒《にわか》に幕府の召喚する所となり、纔《わずか》に白日を見るに至れり。然り而して今我皇国の情態を察するに、六十余州士気の萎靡せる、今日より太甚《はなはだ》しきはなし。曩に八僅々二隻の軍艦を怖れ、却《かえっ》て醜虜の軽侮を受け、曾《かつ》て一人の義士もなく、又一人の勇者もなく、恬《てん》として国辱を顧みず。之を是れ我神州の人士、尚ほ正気を存すと謂ふべき乎《か》。余は浩歎に耐へざるなり。苟《いやしく》も他の軽侮に遇ふて、而して国を開かんよりは、国民挙て死するに如《し》かず。抑《そもそ》も彼に軽侮せられて、此国を開くが如きは、一国の正気、是時《この》を以て断滅し去れるなり。何ぞ久しく国を保つを得んや。例へば、我初て子に面するに方《あた》りて、先づ子の面に唾して、今より子と交はらんと謂はゞ、子若し白痴に非ずんば、必ず怒て我を殺さん。其れ然り。然れバ則国と国との交通を開くも、亦応《まさ》に此情理なかるべからず。然るを前日浦賀に於ける一事の如きは、愚と謂はん乎、怯と謂ハん乎、我神聖なる国威をして、一朝にして落沈せしむといふも亦可なり。嗚呼、彼の浦賀の一事に際し、余をして事局に当らしめざりしは、本邦の国運、茲《ここ》に窮《きわ》まれるを知るに足るなり。

実に痛快な議論であります。念の為に申上げますが、東湖先生は開国を全面否定してゐるわけではありません。武力に怖れて膝を屈し、侮りを受けたまゝでの開国に反対なのです。唾を吐きかけられてから握手をする奴はをらん、といふわけです。大言壮語とも聞えませうが、憂ひを同じくする初対面の青年に対して、実に率直に外交の基本、国家の根本を喝破してみせます。しかも、自分に担当させなかつたから、此処まで追ひ込まれてしまつたのだ、と、このやうに言はれれば、誰しも膝を乗出して、では、先生ならばどうされようといふのですか、と聞きたくなります。はたして俊斎も重ねて問ひを発します。その方策とは何か。

俊斎曰く、高論敬服に耐へず。然れども先生にして若し浦賀の事に当らば、果して如何《いか》が処弁せしや。（どう対処されるといふのでせうか）敢て先生の智略を聞かん。

翁曰く、善《よき》かな問へること。対談の席上、ペルリの首級は、必ず余の白刃一閃の下に落たらんのみ。（簡単なことだ。ペルリの首を刎ねればよい！と）果して然らんには、余も亦当日当《まさ》に死すべし。然れども彼のペルリを斫《きり》て、而して又自ら死するもの、是れ余が一片の正気なり。是に於て乎、余は已《すで》に死して跡なしと雖も、此一片の正気たる、横に全国に充満し、竪《たて》に百歳に伝遺するや必せり。而して正気の磅礴《ほうはく》する（満ち塞がる）所、蓋し国をして富ましめ、兵をして強からしむるの大本たり。国、苟《いやしく》も富み、兵、苟も強し、外患何ぞ恐るゝに足んや。余は当日の事を憶ふ毎に、自ら歎惜に耐へざるのみ、と。

これが東湖先生の応へであります。非礼は断じて許さぬ、自らの死を以て正気を維持する。国家にとつても箇人にとつても、大切なのは正気を横溢せしむること、正気は、独立自尊、富国強兵の根本であります。然しながら、死を以てすれば正気か、と云へばさうではありません。正気を真に発揚させる為には、真剣にして具体的な学問が必要であります。兎角若い者は、時勢に触発され目先の行動に酔ひがちであります。何かやつてゐる、といふことで自己満足に陥る者が多い。しかもそれをあたかも絶対の真理・正義として他人に強制したりする。何時の時代でも同じであります。しかしそれは本当にこの国の未来を正しく拓いていくものでありませうか。その判断は何処から出てくるのでせうか。それは、生きた深い学問、先哲に学び歴史に鑑みたものでなければなりません。そのことを先生は諄々として諭されるのであります。おそらくは、信義の中に、血気の勇を見たからではないでせうか。少し長いですが辛抱して読んでください。

爾後、俊斎、日々翁を訪ふ。一日俊斎曰く、方今、志士の世に処するや、書を読み文を学ぶの日に非ず。只死を以て国に報ずべきのみ。願はくは先生の教引を煩ハさんと。

翁曰く、子《し》（俊斎のこと）は読書を以て度外に措《お》く乎。果して然らば、子ハ何に依てか、事物の盤錯《ばんさく》（複雑でこんがらかつてゐる）を処せむとするや。

俊斎曰く、事理の正邪黒白を判知するは、自家の精神に問うて可なり。何ぞ必ずしも読書の力を要せんや。

翁、哂《わらい》て曰く、子は前日以来、既に自ら屢々君子を求めんことを言へり。敢て問ふ、子は果して君子を好むや。（ここでいふ君子とは、志があつて自己を確立してゐる人物、共に大事を語るに足る人物といふことでせう）

俊斎曰く、固より君子を好む。

翁曰く、果して君子を好まば、子は既に　王朝の祖宗に親謁せしや。又和漢の古聖先賢に面見せしや。夫れ　王朝の祖宗は、元より君子たり。又彼の武内宿禰《たけのうちのすくね》の如き、鎌足公（中臣）の如き、和気《わけ》氏（清麿）の如き、楠公（楠正成）、重盛（平）及び藤房（藤原）等の如き、乃至東照宮（徳川家康）の如き、三代将軍（徳川家光）若《も》しくは八代将軍（徳川吉宗）の如き、或は中江藤樹・伊藤仁斎・熊沢了介（蕃山）の如き者、是等ハ皆本朝の君子者にして、最も其著名なる者なり。漢土に在てハ、尭・舜・禹・文・武・周公・孔子より、以て顔回・孟子・子思・程・朱（程は程明道と程伊川、宋学の創始者。朱は朱熹）の徒に至り、蕭何・張良・孔明・文天祥・王陽明の如き者、亦皆君子者に非ざるはなし。自余和漢に亘《わた》りて幾多の賢豪ありと雖も、枚挙に遑《いとま》あらざるなり。敢て問ふ。子は既に斯《かく》の如き等の聖賢君子に親接せし乎。

俊斎曰く、奇なる哉先生の言、先生の臚列《ろれつ》する所、皆既に過去の人のみ。如何ぞ之に親接するを得べけんや。

（俊斎は驚いて、皆過去の人なのにどうして親しく面接することができるのか、そんなことは不可能だ、と）

翁又哂て曰く、然り。皆既に過去に属せり。故を以て余ハ倍々《ますます》、子が読書を度外視するを怪《あや》しむなり。子、試みに眼を放て現時の人物を察せよ。（さうだ。だからいよいよあなたの態度が不審なのだ。試しに現在の世の中を見渡してみなさい）君子に類似せる者は、或は全くなしとせざるも、真の聖賢君子なるものは、断として之れあるなきを知るならん。然れども前段既に列挙せし君子者は、常に書中に在《あり》て存せり。是《ここ》を以て其人既に過去に属すと雖も、之《これ》を書中に求むるときは、歴々然として現に茲《ここ》に存せり。安んぞ親接するを得ずとせんや。然るに子は一方に在ては書を読まずといふ。両言背反し、自家撞着すといふべし。之を以て之を推すときは、子が君子を好むといふもの、豈妄語に非ざるを得んや。

因て又問ふ。（もう一つ質問しよう）子は既に和漢古今の事体に通暁するや。

俊斎曰く、未だし。

翁曰く、恐くは然らん。苟も君子に親接せず、苟も和漢古今の事体に通ぜずんバ、仮令《たとい》一死を以て国に殉ぜんと欲するの誠心あるも、盤根錯節に臨むときは、或は正邪を誤占することなきを保せず。何となれハ則ち容易に果断を施すべからざればなり。好《よ》し之を施すとも、或は妄断に失し易ければなり。是《この》故に常に古聖先賢と共に道を講じ、広く和漢の事体に通じ、古に稽《かんが》へ今に徴して、以て決断を下すときは、百断百中、毫《すこし》も過《あやま》つ所なし。例へば吾人が一朝緩急あるに方《あた》りて、一命を授け国に奉ぜんと欲するものは、本邦の貴ぶべきを知ればなり。本邦の貴ぶ所以のもの、一に皇統連綿たる天然の帝国にして、人造に出たるに非ざればなり。若し夫れ斯《こ》の如きの事理を弁了せず、妄《みだ》りに時勢に激昂して、身を抛《なげう》つが如きハ、畢竟《ひっきょう》暴虎馮河の徒たるに過ぎず。是れ此《この》事理を詳知して、其国に報ずる者、斯《こ》れ之《これ》を真正の志士とするなり。然れば則ち書を読まずんば、君子を求めて君子を獲《え》ず、果断返《かえつ》て妄断に失し、死すとも遂に無益に属せん。是故《このゆえ》に苟も志士を以て自ら任ずる者、宜《よろし》く努《つと》めて読書に従事すべきなり。且つ夫れ苟も読書に志ある者ハ、須《すべから》く天下の書典を読了せんことを思ふべし。然れども是れ到底凡人の為し得る所に非ず。然り而して己れの好まざる所を措《お》きて、其好む所を修むるが如きハ、蓋し読書の本旨に非ず。之を要するに、須く和漢古今に亘り、好悪両《ふたつ》ながら研究して、以て適宜に取捨すべきなり。彼の学生某なる者ハ、子と同藩の士なり。年尚少《わか》ふして能く書を読むと雖も、只一個の才子たるに過ぎず。子、今より書を読むも、必ずや彼が如き読書家と為る勿れ。又余が友人杉山千太郎の子に、国之介なる者あり。恰《あたか》も子と同く只腕力を主として、曾て書を読むことをせず。然して其精神に於ては、純白無雑にして、甚だ愛するに足る。然れども書を読まざるを以て、未だ君子に値遇する能はず、又事に臨んで妄断に陥るなき能はず。此の如きは未だ共に国事を論ずるに足らざるなり。子、願はくば黽勉《べんべん》して復《また》書を読まずと謂ふこと勿れと。

此時翁微笑して曰く、嗟吁《ああ》、彼のペルリが来り侵す所以のもの、蓋し読書を度外視すること俊斎其人の如き者、尚ほ日本に多々なるを以ての故なり。斯の如き等の人、一たび日本の地を払はゞ、仮令千百のペルリ来《きた》るも、亦何ぞ畏《おそ》るゝに足らんやと。

俊斎曰く、敬服。謹《つつしん》で先生の督誨に之れ従はんと。

説き来り説き去つてまことに親切であります。いやしくも何事かを世のため他人の為に成さんと志す者は、この部分を再読三思すべきであります。学問といふもの、現在ではただ知識をこれ求めるをもつて学問と考へ、博識を以て学者と称する、間違であります。盤根錯節に臨んでこれを一刀の下に裁断し得る者が、真の学問の力なのであります。また、

本邦の貴ぶ所以のもの、一に皇統連綿たる天然の帝国にして、人造に出たるに非ざればなり。若

し夫れ斯の如きの事理を弁了せず、妄《みだ》りに時勢に激昂して、身を抛《なげう》つが如きハ、畢竟《ひっきょう》暴虎馮河の徒たるに過ぎず。是れ此《この》事理を詳知して、其国に報ずる者、斯《こ》れ之《これ》を真正の志士とするなり。

の一句、水戸の眼目であります。それにしても「天然の帝国」といふ言葉は、東湖先生の言葉そのものかどうかは不明ですが、我が国柄を一言で言ひ得て妙であります。また、不勉強の者が多いから問題なので、「真正の志士」すなはち先生の云はれる真の学問をした人材が増えれば、何人のペルリが来ようと何等の心配はないのだが、といふ言葉は、今日に痛切であります。

次は、東湖先生の秘策中の秘策ともいふべきもの、天皇の下に君民一体の国民国家を創設しなければならないとする大議論であります。

翁、又一日俊斎に謂て曰く、

（中略）――これが洩れれば大事に至る極秘であるから、胸中に深く蔵して不用意に人に話してはならない、と断つて――

夫れ方今本邦の形勢を観るに、幕府は徒らに奢侈に耽り、諸侯も亦各々虚威を貪り、彼の米船の渡来するに方《あたり》てハ、人皆錯愕狼狽して、曾《かつ》て之《これ》に当るの方針を知らず、非常の国辱をペルリに受け、恬《てん》として之を顧みざるもの丶如く、又今後の方策をも講ぜず。若し斯の如くにして日月を消了し去らば、本邦の運命果して幾年をか保たん。蓋し亡国の機、応《まさ》に遠きに在らざるべし。惟《おも》ふに今よりの後、吾国に侵来するもの、特《ひと》り米国のみに止まらず、自余の各国、続々として競ひ至らん。是に於て乎《か》勢の趨《おもむ》く所、必ずや国と国との談判を啓《ひら》かざるべからず。是を以て余深く吾邦の為に計るに、将軍独《ひと》り国権を擅《ほしいまま》にし、天子をして虚器を擁せしむるは、畢竟《ひっきょう》邦国を保《たも》つの道に非ざるを知る。必ず一君万民の大義を明かにし、以て天子をして普天《ふてん》の下率土《もとそっと》の濱《ひん》（空の限り地の限り）に君臨せしめずんば、邦家の大事是より去《さ》らんのみ。然り而して彼の諸外国に対して、異日一たび談判を開くに至らば、勢自《いきおいおのず》から天子君臨の実を要するに至らざるを得ず。何となれば則ち素《もと》より国と国との対談なるを以て、彼《か》の諸外国は、我に逼《せま》るに日本皇帝の意を承《う》けんことを以てすべし。果して此《ここ》に及は、、之に答ふるに日本皇帝は只虚位に属するを以てすべき乎《か》。国辱焉《これ》より大なるはなし。是《この》故に余ハ私《ひそか》に以為《おもえら》く、天子の親《みず》から世に臨み給ふの機《とき》は、期せずして遂に至らんと。（これはさすがに慧眼です。歴史の実際の動きはかうなつてゐます。）然れども是れ外国の逼迫に遇ふて、始めて　天子の親政を観《み》るに過ぎず。果して斯《かく》の如くんば、宛《あたか》も外国の侮蔑に逢ひ、始めて国を開くと一般にして（同じこと、全く変らぬ）、神州の正気ハ是時《このとき》を以て滅却するや必せり。且つ夫れ独り這般《しゃはん》の事理あるのみならず。抑《そもそ》も　天子にして空しく虚位を擁し、苟《いやしく》も統御《とうぎょ》（実際に政治を執る）の実なくんば、全国人心の凝結一致、素より望むべからず。天子一たび親《みず》から天下に君臨し給ひ、将軍家を使用すること、手の指に於けるが如く、将軍家の　天子に於ける、宛《あたか》も子の父に事《つか》ふるが如くならしめば、大義明かに立ち、人心茲《ここ》に凝一して、国力是より振起せん。嗚呼今日の大計、此一事を挙るより緊急《きんきゅう》なるハなし。唯其れ然り。然りと雖も此大事を挙げんには、之が主動者たるの一大賢豪を要《もと》めざるべからず。因て惟ふに各藩多士の中、未だ必ずしも一二の名士なきに非ずとするも、彼《か》の藩主たるもの、多くハ姑息苟安《こそくこうあん》にして、天下の大勢に通ぜず、而して伯楽の監識なし。千里の名馬ありと雖も、驥足《きそく》を伸《のぶ》るに由なきなり。然るに子が藩主斉彬公の如きハ、余夙に天然の明主たるを知れり。公を推して王政恢復の主動者と為し、藩臣奮《ふるつ》て之を輔弼（援助する）し、君臣一体以て王室を佐《たす》くるときは、天下の諸侯率《ひき》ゐずして勤王の大義に随ふこと、手を翻す如くならん。是れ余が夙夜（朝早くから夜遅くまで）に熟図（よくよく考へる）する所にして、今日此《この》長策を採《と》らずんば、復《また》他法あることなしと信ずる所なり。

（この文章は未だ続くのですがここまでで、後は省略します。送り仮名や用字は原文のままでしたので、少し読みにくかつたかも知れません。なほ、天子の前の一字分を空けるのは敬意を現はす作法で、これを闕字といひます。）

明治維新はまさにこの精神によつて成つたのです。深い学問と、曇りなき心すなはち私心を雑《まじ》へない心とが、このように未来をも見通すが如き力を齎《もたら》すのです。

もう一つ読んでみませう。次は、東湖先生の日常に於いての学問による判断とは具体的にどのやうなものであつたか、さらには後輩をどのやうに指導したかを示す好例です。

俊斎一日藤田平介翁を叩く。翁は水府三田の一として両田（藤田東湖と戸田蓬軒の二人）に減ぜざるの人傑なり。翁の話に曰く、我景山公（烈公斉昭のこと）、曾て「鳥追」（追鳥狩といふ）を郊外に施行す。蓋し鳥追なるものは、士卒を部署して軍隊を作り、軍旗を翻して、諸鳥を捕獲す。其状宛も出陣に象《かたど》れるなり。公、騎して城門を出て、遽《にわ》かに鞭を加へて馳す。諸士従ふ能はず。只藤田及び小姓某のみ、馬の鞍紐《くらひも》に附縋《ふずい》（すがりついて）して、前顚後倒（ひっくりかへりさうになりながら）、以て纔《わず》かに随《したが》ひ得たり。公、中途にして樹陰に憩ひ、霎時《しょうじ》にして（暫くして）復《また》馬を馳せ、既にして郊外に出づ。公曰く、乃公《だいこう》（自分のことをいふ）先の樹陰に煙具（タバコの道具）を遺失せりと。小姓某、直ちに往《ゆき》て拾ひ来んことを上申し、将に馳せ去らんとす。藤田、眼を睜《いか》らし声を励まして叱して曰く、汝知らずや、今既に敵国の境に在ることを。而して衆兵路に後れて未だ到らず。主君に従ふ者ハ、只余と汝と二人のみ。主君の危急旦夕に在り。汝君側を辞して煙具を索《もと》めんとす。煙具果して何為《なにす》るものぞと。某乃《すなわ》ち止み、稍《ようや》くにして（暫くして）衆皆到れり。

これは追鳥狩の際の一挿話ですが、時処位といふことを教へてゐます。小姓は主君の日常の世話をする係でありますから、この小姓の行動は日常に於てはまさにさう在るべきでありませう。よく咄嗟に扈従出来たことは賞められてよい。しかし、追鳥狩は軍事演習です。一端武装して出れば、たとへ仮想とはいへ、そこは戦場であります。主君の側を離れることは許されません。一体、人の行動の原理は「道」と呼ばれますが、道は一筋であつても、その具体的な在りやうは時処位によつて千変万化します。杓子定規ではなく、まさに盤根錯雑に対処して誤らないこと、それが出来ることが学問の力でありませう。

もう一つ、人物の見方について示唆を与へてくれる一文があります。

（薩摩の斉彬公の）世子（跡取り）虎寿丸君、六歳にして夭折す。是時藤田翁、景山公（烈公）の使者として、来りて弔詞を斉彬公に伝ふ。公曰く、天命なり、如何ともすべからず、但黄門公の弔意を謝し、併せて卿が遠来の労を謝すと。而して翁を中山次郎衛門（虎寿丸の守役）の家に延《ひ》き、酒饌《しゅせん》（酒や御馳走）を供す。翁一箸をも下さず。中山異《あや》しみ問て曰く、先生疾あるか。翁曰く否と。而して筆硯を呼び、国詩を書して中山に与ふ。曰く、

つかへにし君ハはかなくなりぬとも忠てふ道の二筋やある

中山一吟して之を納めしといふ。異日、翁、俊斎に語て曰く、余曩《さき》に幼君を弔問するの日、中山の家に在て、酒饌《しゅせん》の厚遇を辱けなふせしも、当日斉彬公の衷情（心中）を察し、公の哀悼を推想して、美酒珍饌も喉に下すに堪へず。思はずも一吟を得て、中山に示し、因て自ら以為《おもえ》らく、中山応《まさ》に余の国詩に因《ちな》みて、忠孝節義の談に及ぶべしと。何ぞ料《はか》らん渠《か》れ徒《いたずら》に一吟せしに止りて、談柄終《つい》に此《ここ》に至らざらんとは。余惟《おも》ふに彼の中山なるものは、恐らくは鼠色の人物ならんかと。蓋し鼠色は黒白未分の色に属するを以て、其人物の忠姦未定なるを評するなり。

面白いと思ひませんか。東湖先生はこんなところでも人物試験をしてゐるのです。

只今読みました文章、或いは、これまでの講師の話などによつて、東湖先生の人柄、その面目といふものの一端はお伝へ出来たかと思ひます。海江田信義はこの他にもまだ面白い話を残してくれましたが、それらは皆さん追々お読み下さい。始めの方に東湖先生自らの言葉として、自分は目玉が大

きくて色が黒いだけだ。学問も足らず、識見も乏しく、人に教へるようなものは何もない。しかし、「しかし自分には一片の丹心、赤き心がある。これは誰にも負ない。これは長年にわたつて天地正大の気によつて養ひ来つたものである」と言つてをられます。これを世に掲げること、これが東湖先生の面目であり、それが先生を「日本の東湖先生」にし、歴史を動かす力となつた。先生の歌に、

いたづらに身をば嘆かじともしびの
　燃ゆるおもひを世にかかげばや

といふ一首があります。

今の世の中、非常に難しい。しかし、真剣に先哲の道を学び、且つ世界の情勢、我が国の有様を深く観察しながら、死すべき時に笑つて死ねるやう学問を深めて行くならば、一人一人の正気、必ずや寄り集つて大きな力となるものであらうと思ひます。この水戸学講座も、そのやうな意味で、僅かであつても、皆様の勉強のお役に立つのであればと継続してゐるものでありますし、我々もまた、講師といふ名前で高いところから偉さうなことを言つてはをりますものの、このやうな機会を与へられることによつて、更にいろいろと勉強させていただくといふ恩恵を受けてゐるのであります。お互ひに、東湖先生のいはれるやうに、心を一つにして学び合ふ、その一つの機会としてこの講座が、皆様のお役に立つてをりますれば、私共の大きな喜びであります。拙い話で恐縮でありましたが、これを以て本年の講座を終了致します。有難うございました。

（平成十年十二月水戸学講座）

第五章　小梅水哉舎記

本日は、藤田東湖先生の「小梅水哉舎記」を拝読したいと思ひます。テキストは『新定　東湖全集』（菊池謙二郎先生編修・博文館）を用ゐました。先づ、本文を少しづつ読みながら解釈を加へてまいりたいと存じます。

小梅水哉舎記

我水藩之漕二江戸一也、艤二於北浦一、浮二霞湖一、泝二刀水一、而達二於墨水一、々々東岸、有二藩之別墅一、是爲二小梅邸一、倉廩委積在焉、

藤田東湖先生、小梅水哉舎《こうめすいさいしゃ》の記

我が水藩の江戸に漕するや、北浦に艤《ふなよそおい》し、霞湖に浮かび、刀水を泝《さかのぼ》り、而して墨水に達す。墨水の東岸、藩の別墅《べつや》あり。是を小梅邸と為《な》す。倉廩委積《いし》して在り。

通釈

我が水戸藩がその物資を江戸に漕《はこ》ぶ場合、その船を北浦で艤《ふなよそおい》し、霞ケ浦を渡り、利根川を溯つて隅田川に入ります。隅田川の東岸には水戸藩の別邸（下屋敷）があり、これを小梅邸といひ、倉庫には多くの物資が貯蔵されてをります。

天保丁酉、余友秋山魯堂、來管㆓倉廩事㆒、其於㆓局務㆒、多㆑所㆓更張㆒、乃新築㆓舎於邸中㆒、令㆔僚屬及子弟習㆓撃劍㆒

天保丁酉（八年）、余が友秋山魯堂、来りて倉廩《そうりん》の事を管す。其局務に於ける更張するところ多し。乃ち新たに舎を邸中に築き、僚屬及び子弟をして撃剣を習はしむ。

通釈

天保八（一八三七）年に、私の友人（同志）であります秋山魯堂が、この倉庫のことを監督する蔵奉行になつて赴任しました。その職務にあたつて、（緩んで居た規律を改めたり、あらたな工夫を懲らしたりして、）大いに職場の規律と緊張とを取り戻しました（＝更張）。（その施策の一つとして）部下やその子弟に撃剣を習はせようと、小梅邸内に一つの建物を新築しました。

余方在㆓礫川邸㆒、魯堂使㆘一卒齎㆓祭肉㆒頒㆖㆑余、且囑曰、撃劍舎成矣、祭㆑神落㆑之、請子作㆑文記㆑焉、余諾而未㆑果、既而余與㆓魯堂㆒、轉㆑職歸㆑鄕、

余、方《まさ》に礫川邸に在り。魯堂、一卒をして祭肉を齎《もた》らして余に頒《わか》たしめ、且つ囑《しょく》して曰く、撃剣舎成れり矣、神を祭りこれを落せり。請ふ、子、文を作り焉《これ》を記せ、と。余、諾して未だ果さず、既にして余と魯堂と職を転じて郷に帰る。

通釈

自分（東湖）はこの当時、小石川の藩邸に居りましたが、その新築の御祝に神様にお供へした肉のお裾分けを一人の小者（＝卒）に持たせてくれて、さらに、「撃剣舎が出来、神様をお祀りして落成の儀式も終りました。ついては、あなたにこの舎の記文を作つていたゞきたい」との申し出でありました。私はこれを承諾したのですが、未だその約束を果さないうちに、私も魯堂もそれぞれ職務が変り水戸に帰りました。

（魯堂は天保十二年寺社役に転じ、東湖は天保九年土地方改正懸、十年史館編輯兼学校造営御用懸、十一年再び土地方改正懸、十二年御勝手改正懸など、次々に重要な役職を兼ね、忙しくすごしてゐます。）

去年甲辰、余獲二罪於幕府一、遂被レ幽二於小梅邸一、禁錮甚嚴、獨許三隣人繼二米鹽一、

去年甲辰（弘化元年）、余、罪を幕府に獲《え》、遂に小梅邸に幽せらる。禁錮甚だ厳しく、ただ隣人の米塩を継《つ》ぐを許す。

通釈

去年弘化元（一八四四）年、私は幕府の罪人として処罰され、（小石川邸次いで）小梅の邸に幽閉

禁錮されました。その扱ひは甚だ厳しく、僅かに隣の住人が米や塩を差入れることを認められただけでした。

（弘化元年五月、幕府は水戸藩の幕府に対する謀反を疑ひ、当時水戸に居りました斉昭を江戸に呼出し、致仕（隠居、つまり藩主の地位をしりぞくこと）謹慎を命じました。これは、藩政改革に反対する勢力の策謀が功を奏したためですが、中でも社寺改正と毀鐘鋳砲（寺の余分な鐘を鋳潰して大砲を作る）の二つの政策は特に僧侶勢力の反撥を買ひました。東湖は側用人の地位に在り、改革派の中心人物でありましたので、責任をとらされて免職、藩邸の一室に幽閉されたのです。外出も他人と話をすることも出来ない。この状況については後に述べます。）

一日隣人来謁、自称㆓忠介㆒、熟㆓視之㆒、則往年齎㆓祭肉㆒者也、余拊㆑掌称㆑奇、談遂及㆓魯堂㆒

一日隣人来り謁す。自ら忠介と称す。これを熟視すれば則はち往年祭肉を齎らす者なり。余、掌《たなごころ》を拊《う》ちて奇を称す。談、遂に魯堂に及ぶ。

通釈

ある日、その隣人が参りまして、自分は忠介といふ者だと名乗りました。よくよくその顔をみれば、なんと、あの時（落成の折）お祀りの肉を持つて来てくれた人ではありませんか。私は思はず手をたゝいてその奇縁を喜びました。いろいろと話をして居るうちに、魯堂のことが話題に上りました。

忠介愀然曰、初本邸風俗薄惡、其吏則臟汚、其卒則遊惰、相率侵漁飲博、習以爲レ常、秋君之來、擧邸靡然向レ風、少者讀レ書、壯者擊レ劍、至レ今僕輩身必佩二雙刀一、口頗談二禮義一者、皆秋君之賜也、秋君御レ下、嚴而有レ恩、教二子弟一、必本二於報國一、秋君之去、實一邸之不幸也、

忠介愀然《しうぜん》として曰く、初め本邸の風俗薄悪、其の吏は則はち贓汚《ぞうお》、其の卒は則はち遊惰、相率《あいひき》いて侵漁《しんぎょ》飲博し習ひて以て常と為す。秋君の来るや、挙邸靡然《びぜん》として風に向かふ。少者は書を読み、壮者は剣を撃《う》つ。今に至るも僕輩の、身に必ず双刀を佩《は》き、口に頗る礼儀を談ずるは、皆秋君の賜《たまもの》なり。秋君の下《しも》を御《ぎょ》する、厳にして恩あり、子弟を教ふる、必ず報国に基づく。秋君の去りしは実に一邸の不幸なり、と。

通釈

忠介は憂ひ悲しむ様子をみせて申しました。その始め、小梅の邸の風紀は極めて悪く、その職に在る者（＝吏）は不正に財を蓄へ、（贓汚は不正な品物（賄賂など）を取って汚い行のあることを指します）その下の者達はろくに仕事もせず怠けてばかり、一緒になつて他人のものを竊んだり、（侵漁は漁師が魚を捕るやうに他人の者をおかしとることをいひます）酒を飲んだり博奕をしたり、それが当り前な状態でありました。秋山様が奉行としておいでになりましてからは、邸中の者が秋山様

の指導に服して、その風紀は一変し、若い者は読書に励み、壮年の者は剣術の鍛錬に精を出すやうになりました。秋山様の水戸に移られた後の今となつても、私のやうな下卒でも必ず双刀を帯び、お互に口を開けば人の道を論ずるやうになつたのは、すべて秋山様のお働き（賜物）なのです。秋山様がその部下に対する態度は、厳しいけれども公正で思ひやりのあるものでありました。若い者を指導する場合は、必ず国家のご恩に報いることを根本として教へられました。秋山様が去られたことは、小梅の邸にとつてまことに不幸なことなのであります、と。

余因歎曰、小人學レ道、則易レ使、信哉、夫魯堂嘐々、有レ慕二乎古人一、若二小梅之政一、則其餘事耳、而去後見レ思至二於此一者、豈非三其敎化之效使二之然一歟、

余因つて歎じて曰く、小人道を学ぶときは則ち使ひ易しとは信《まこと》なるかな。夫れ魯堂は嘐々《こうこう》、古人を慕ふあり、小梅の政《まつりごと》の如きは則ち其の余事のみ。而れども去りて後に思はる、こと此に至るは、豈、其の教化の効、これをして然らしむるに非ずや。

通釈

私は大いに驚き感心して申しました。小人が道を学ぶと（道義礼節を弁へるから）（上の者が）使ひ易くなる（史記の仲尼弟子列伝の中にある）、と孔子が言つたといふことだが、まことにその通りであります。魯堂は大きな志を持つて、（嘐々は志や云ふ事が大きいこと。嘐はおほきい）古の賢人たちを模範として見習つてゐましたから、小梅の邸でのさまざまな業績などは、彼にとつてはほんの小手先技のやうなものでありませう。しかし、居なくなつてからもこのやうに慕はれてゐるといふことは、彼の教化の力が優れてゐたことの証明でなくてなんでありませう。（普段の学問の力による、学問が本物である）

君子成㆓人之美㆒、余雖㆑廢矣、記文之囑、其可㆑不㆑果耶、乃命㆑舍曰㆓水哉㆒、取㆔於其在㆓川上㆒也、

君子は人の美を成す。余は廃さると雖も、記文の嘱、其れ果さざるべけんや。乃ち舎に命じて水哉といふ。其の川上に在るに取れるなり。

通釈

君子は接する人を誘ひ勧めてその人の善美なところを引出してあげる（論語にある）、といひます。自分は記を作らずにゐたが、そのやうなことであるならば、記文を作るといふ約束を果さなければなりません（それによつて魯堂の見事な事蹟＝善を明らかにすることが出来る）。そこで、舎の名前を水哉《すいさい》と名付けました。撃剣舎が川（墨田川）のほとり（川上＝川のほとり。上は辺）に在るからです（がそれ以外に水といふ文字には次のやうな意味があるのです）。

仲尼屢稱㆓於水㆒曰、水哉、水哉、又曰、逝者如㆑斯夫、不㆑舍㆓晝夜㆒、苟使㆘人之志㆓於道㆒、如㆗水之混々、

盈レ科而進上、則沛然其孰能禦レ之、豈特一技藝而已哉、

仲尼屢々水を称《たた》へて曰く、水なるかな、水なるかな、と。又曰く逝く者は斯くの如きか、昼夜を舎《お》かず、と。苟《いやしく》も人をしてこれを道に志さしむること、水の混々として科《あな》に盈《み》ちて進む如くあらしむるときは、則はち沛然《はいぜん》として其れ孰《たれ》か能くこれを禦《ふせ》がん。豈、特《ただ》に一技芸のみならん哉。

通釈

孔子はしばしば水をほめて、「水なるかな、水なるかな」といひ、また「逝くものは斯くの如きか、昼夜を舎かず」といひました。だいたい、人を道（この場合は具体的ななにか）に志させ、水が滾々として溢れ出て、穴があればこれを埋め満して更に溢れ出るやうに継続して止むことがなければ、その盛んな勢ひは誰も禦ぎ留めることは出来ないもので、それはただ単に剣術ばかりではありません。

（全てのことは、水の流れて留らないやうな継続の努力によつて実るものだといふ思ひを水哉の語に托したといふことです。同時に魯堂の徳化の流れが止まない意味も含むと思われます。この「逝くものは斯くの如きか、昼夜を舎かず」といふ論語の言葉は、実は二様に解釈されて来ました。一つは、古註の解釈で、全てのものごとは流れて止まらない、すなはち万物流転の相を歎じたとする解釈で、もう一つが新註、すなはち宋時代以後の解釈で、人は無限の天地の発展の中に存在するのであるから、水の流れの如く間断なく努力しなくてはならぬ、といふ解釈です。東湖先生の理解は新註の理解です。また、昼夜を舎《お》かず、は、

昼夜を舎《や》めずと読む説もあります。）

抑方㆔魯堂築㆓斯舎㆒也、我公尚㆑武右㆑文、尤用㆓心於忠孝之大義㆒、魯堂嘗屢上書陳㆓大計㆒、其帰㆑郷也、慨然欲㆔興㆓隆神聖之道㆒、余毎㆘與㆓魯堂及同志之士㆒相會㆖、飛談雄辯、上㆓下議論㆒、時或酣醉浩歌、以助㆓其歡㆒、蓋亦一時之盛也、

抑《そもそ》も魯堂の、斯《こ》の舎を築くに方《あた》りてや、我が公、武を尚《たつと》び文を右にし、尤も心を忠孝の大義に用ふ。魯堂屢々上書して大計を陳ず。其の郷に帰るや、慨然《がいぜん》として神聖の道を興隆せんことを欲す。余、魯堂及び同志の士と相会す毎に飛談雄弁、議論を上下し、時に或は酣酔浩歌《かんすいこうか》、以て其の歓を助く。蓋し亦一時の盛なり。

通釈

そもそも、魯堂が、この撃剣舎を新築した時は、我が齊昭公が、特に忠孝の大義を最も重んじて文武を奨励し、一藩を改革しようとしてゐた時であり、魯堂は屢々上書して国家的な問題（＝大計）について意見を述べましたが、水戸に帰つてからも、大いに張り切つて、我が国の道を興隆することを念願としました。私は、魯堂やその他の同志の士と相ひ会します度に、お互ひに盛んに議論を上下し、或時は大いに飲んで高歌放吟、楽しい時を過しましたが、そのやうな愉快な日々も、いまや過去となりました。

（尚武右文といふ言葉は、右文左武と同じことで、文武の両道を片寄りなく奨励したことを指します。神聖の道とは、我が国古来の道、弘道館記に示された道を指します。）

既而魯堂落々不遇、遂投二閑地一、公遽就二菟裘一、余則困阨如レ是、同志之士、往々廢棄、靡レ有二孑遺一、而人情反覆、又有二不レ可レ勝レ言者一、

既にして魯堂、落々不遇、遂に閑地に投ぜられ、公、遽《にわか》に菟裘《ときゅう》に就き、余は則はち困阨《こんやく》是くのごとし。同志の士、往々廃棄せられて孑遺《げつい》ある靡《な》し。而して人情の反覆、又言ふに勝《た》ふべからざるものあり。

通釈

それらの楽しかった時も過ぎ、（水戸藩が処罰されたので一気に情勢は変化し）魯堂も不遇でとうとう閑職に追ひやられ、公は急に隠居（菟裘）を命ぜられ、私もこのとおりの災難です。同志の人々も皆斥《しりぞ》けられて政府に残る者もなく、（孑遺＝残り・余り）人々の態度も掌《たなごころ》を返したやうに変り、いちいち言つてゐては限りがない有様です。

古曰、皮之不レ存、毛将安傅、世道變遷、既已至レ此、余恐水哉之舍、勢不レ能二獨盛一也、

古に曰く、皮の存せざれば毛《け》は将《まさ》に安《いず》くにか傅《ふ》せん、と。世道の変遷、既に已に此に至る。余恐る、水哉の舎も勢ひ独り盛んなる能はざるなりと。

通釈

古くからの言葉に、皮が無ければ毛は何処にくつつけばよいのか、（傳（フ）＝傳（伝）ではない。ここでは附に同じ。毛云々は左伝にある詞）といふ言葉がありますが、世の中は激変してたうとうこの様な状態になつてしまひました。私は、水哉舎も、この風潮の中で衰微して行くであらうことを残念に思ふのであります。

（「皮の存せざれば…」といふのは、斉昭公が処罰されて全てがひつくりかへつたので、改革派の人々とその事業が拠り所を失つたことを指します）

雖レ然、余聞北浦與二墨水一、相距數百里、當二其水漲風快一、則片帆如レ飛、巨萬之粟、殆可レ運二於一瞬一、及二其水落石出、暴風起レ波、則不二啻進退不可一、往々或有二覆沒之患一、而世遂不三以レ之廢二漕運一者、知下有レ源之水、必不レ至二於涸盡一、而風波之變、固非中天地之常態上也、

然りと雖も、余聞く、北浦と墨水と相距《へだ》つる数百里。其の水漲《みなぎ》り風快なるに当りては則はち片帆飛ぶがごとく、巨万の粟、殆んど一瞬に運ぶべく、其の水落ち石出で、暴風波を起こすときは則はち啻《ただ》に進退不可なるのみならず、往々或は覆没の患《うれ》ひ有り、と。而れども、世《よ》遂にこれを以て漕運を廃せざるは、源あるの水は必ず涸尽に至らず、而して風波の変は固《もと》より天地の常態に非ざるを知ればなり。

通釈

しかしながら、自分の聞くところによれば、北浦と墨田川とは数百里を隔ててゐるものの、その水満々と漲り、また順風の時であれば、船の早いこと飛ぶが如くであつて、大量の物資を瞬時に（やすやすと）運ぶ事ができるが、水も少く岩石も露はとなり、暴風が波を逆立てる時は、ただに進退に苦しむばかりでなく、往々にして沈没してしまふこともあるといふことです。しかしながら、何時の世でも、このやうな大変な危険を知りながらこの運送の方法を廃止しないのは、人々が、源のある水は決して涸《か》れることはなく、また、暴風雨は特別であつて自然の常態ではないことを知つて居るからであります。

今夫水哉之舎雖レ小、而源二於魯堂一、々々之志、本二於報國一、而又泝二其源一、則未二始不一レ本二老公忠孝之化一也、

今夫れ水哉の舎は小なりと雖も而も魯堂に源す。魯堂の志は報国に本づく。而して又其源を泝《さかのぼ》れば、則はち未だ始めより老公忠孝の化に本づかずんばあるべからず。

通釈

改めて考へますに、水哉舎は小さいものではありますが、魯堂が始めたものであり、魯堂の志（この舎を建てた趣意）は国恩に報いることにありました。これは更に溯れば、云ふまでもなく、

老公（斉昭公のこと、隠居したので老公といふ）が忠孝の大義を明らかにし、文武を奨励した、その成果（影響）であることは明白であります。

嗚呼斯舎雖レ小、而源之所二自來一遠矣、余有レ知下其洋洋漫漫、與二刀水墨水一長流中於無窮上、而彼反覆變遷者、豈人世之常態乎哉、

嗚呼《ああ》斯《こ》の舎小なりと雖も而も源の自《よ》りて来る所は遠し矣。余、其の洋々漫々として刀水墨水と与《とも》に長く無窮に流るるを知る有り。而して彼の反覆変遷は、豈、人世の常態ならんや。

通釈

嗚呼、水哉舎はまことに微々たる存在ではありますが、その精神の源泉ははるかに遠くより流れ来つてゐるのであります。私はその精神の流れが、利根川や墨田川のやうに洋々満々として、いつまでも永遠に流れるものであることを知つてをります。このたびの政変のやうなことは人の世の常の姿ではありません（いはば暴風。必ずや正常なものに返ることでせう）。

因爲二之記一、併識二余感一、使三後之論レ世者有二以考一焉、魯堂名忠彦、忠介之稱、乃魯堂所レ命云、

因《よ》つて之《これ》が記を為《つく》り、併せて余の感を識《しる》して、後の、世を論ずる者をして以て考ふるところあらしむ。魯堂名は忠彦、忠介の称は乃ち魯堂の命ずる所と云ふ。

通釈

このやうな次第で水哉舎の記を作り、併せて私の考へを述べましたのは、後の人で、世の中に責任を持たうといふ人に、よくよく考へていたゞきたいと思ふからであります。（ちなみに）魯堂の名は忠彦といひ、忠介の名は魯堂が与へたといふことです（忠の文字は魯堂の志でもある）。

（「新定　東湖全集」）

（義烈館の拓本用版木には末尾に「乙巳夏五藤田彪書於北總小梅蹇齋[印][印]」とあります。乙巳は弘化二年）

以上が本文の解釈ですが、改めて云ふまでもなく、この一文は弘化二（一八四五）年に書かれた文章であります。秋山魯堂の要請に応へたものでありますが、その執筆は、既に本文に記されてゐるやうに、一人の下士（忠介）との再会によつて触発されたものでありました。忠介との会話によつて、東湖は魯堂の残した働きの素晴しさに気付いたのです。我々は、平常では何気なく見過ごしてゐることでも、物事が逆転したために改めて気付くことが多いものです。東湖もそれまで何気なく見過ごしてゐた魯堂の業績を、忠介を介して、非常の苦難の中での一筋の光明の如く認識することが出来た。その感動のままに筆を走らせたのがこの一文であらうと思ひます。極めて平易な文章でありますが、高い志と屈することない気魄、そして明朗な精神とを見ることができます。

秋山魯堂といふ人は、茂三郎忠彦、初名を毅といひ、文政九（一八二六）年、父徳載死して扶持を賜はり小普請組。天保二（一八三一）年四月四日切符を賜はり格式歩行目附次座となり下勘定役見習。三年十月六日蔵奉行、十二年十一月十九日格式馬廻列寺社役となり水戸に移る。十三年五月二十四日吟味役、十四年九月二十二日馬廻組となる。弘化四年四月二十一日致仕して魯堂と号す、文久三（一八六三）年正月二十日死す、八十歳。橋本介左衛門昌胤の女を娶りて一男を生む、長太郎興と云ふ（「水府系纂」七十八　秋山介七徳載の項）とありますから、魯堂は逆算して天明四（一七八四）年生れ。東湖は文化三（一八〇六）年生れですからその差二十二年、東湖にとつては大先輩に当ります。後輩の東湖先生に作文を依頼する魯堂も立派であります。この風は現代でも大いに学ぶべきでありませう。

ところで甲辰の国難は、水戸藩にとつては晴天の霹靂であり、これに依つて所謂水戸藩天保の改革は画竜点睛を欠く恨を残し、以後の藩内の分裂抗争の発端となりました。その内容を詳しく申上げる時間は御座いませんが、処罰を受けた藤田東湖先生の状況はどのようであつたかといひますと、これは先生自らの記録に明らかであります。まづ、「回天詩史」（いはば東湖の自伝）に次のやうに記されてあります。

……鑑札府の僚吏、工を率ひて來り、舍の東西及南北の鄰の境を檢視し、皆板を以てこれを塞ぐ。最後に又板を以て門戸を掩ひ、固釘して去る。奴僕と雖ども、理り出入する能はず、然して米鹽繼がず、薪水通ぜず。飢渴して死するときは則はち亦恐らくは禁錮する所の意に非ざらん。是に於て北鄰主人鱸氏に請ひ、竊かに其牆を穿つ。濶さは身を横へるべし。是により、奴僕鱸氏之門に因つて出入するを得たり。然れども監察の僚屬、時々舎外を巡視す。故を以て家奴の井を汲む、率ね一日一再に過ぎず。僅かに朝夕爨《サン》炊の用に供する耳、余本月二日家を發す、而して前數日疾を獲、故を以て浴せざること殆んど三旬、今既に瘳たり。水の乏しきたるや、僅かに盥漱洗面して止む。當に是れ夏日、蒸熱人に逼る、發汗淋漓、衣服日に汚れ、臭氣鼻を衝く、因つて一たび皮膚を掻けば、則はち虱亦爪に入る……（原漢文）

これは小石川の官舎でのことと思はれますが、翌年二月に小梅の官舎に移されます。その様子は、「蹇齋記」の中に、

……舎は東西丈余、南北二丈に盈《み》たず、前は竈後は廁、庭除（庭のこと）は一歩なる可く、高牆宇に接し、画して二と為し、僮僕其一に居る。余が居る所は、衣架右に在り、書筐左に在り、地爐中に居り、而して介冑槍劍、几案筆硯、其間に陳列す、則はち余の坐臥すべきは、厘々（わづかに）方四五尺に過ぎず……（原漢文）

とあります。先生は此の部屋を蹇斎と名付け、むしろその苦境の中にありながら、周易の句「山上有㆑水、蹇、君子反㆑身脩㆑徳」を引いて「余、不敏ナリト雖モ、今ヨリシテ後、将ニ事ヲ斯ニ従ハントスル也」（原漢文）と述べてをります。

即ち、部屋の周囲は板で囲はれ、門扉も釘で固められ、出入りもできない。しかたなく北隣の鱸氏

との境の垣を少し毀して、ここから召使が出入りする。監視の目も厳しく、水を酌むのも一日に一・二回、これではわづかに煮炊きと洗面に必要な分だけで、身体を拭ふことも出来ない。だから水戸から出て来て一ケ月、全く風呂に入れない。折からの夏日で汗は出るし、衣服は臭気を放ち、皮膚を搔けば爪の間に虱が入つてくる……。

また、小梅での様子は、部屋は東西が三・三メートル余、南北がその倍、これを二つに区画して一方に召使が居る。庭は無いにひとしい。自分の居る所といへば、右に衣桁、左に書箱、真中に炉が切つてあつて、空いてゐるところに刀・槍・鎧、それに机などが点在し、自分の寝るところは一・五メートル四方位しか無い。……

なんとも窮屈で悲惨な状況であります。しかしこのやうな中に置かれてなほ意気軒昂、幽囚の後直ちに筆を執つて「回天詩史」を著して半生を回顧し、これによつて自らの行動の是非を確め、次いで八月には「常陸帯」を著して烈公の改革事業の目標と実際とを明らかにし、さらには翌年、人口に膾炙してゐる「和文天祥正気歌」（普通に東湖先生の正気歌と呼ばれる）を作るなど、いづれも先生の代表作となつた著述であります。皮肉なもので幽囚による閑暇が、かへつてこれらの名著を産み残すことになつたのです。まことに禍福はあざなへる縄の如し、天運は図り知ることが出来ません。人がこの世に生きて、為したこと、為せなかつたこと、それらは不思議な運命の糸の操るところなのでせうか。

小梅に移つた年の三月三日の日に詠んだ七言の長詩があります。これは身の回りの世話をする僕が、雛祭だからと酒と魚を持つて来てくれた。それで興に乗じて作つたといふ詞書がありますが、その末尾に「丹心誰カ懐フ杞人ノ憂、白屋安ンゾ知ラン廟堂ノ計、好ンデ千古忠義ノ魂ヲ弔ヒ、扶桑ノ為ニ根柢ヲ培ハント欲ス」とあります。「杞人の憂い」は、天が落ちて来ないかと心配するといふいはゆる杞憂、白屋は一般人の家、すなはち普通の人をいひ、扶桑は日本国、根柢は木の根、現在の根底と同じです。

「和文天祥正気歌」には序文がついてをりますが、その中で「公（烈公）ノ罪ヲ獲ルニ及ンデ、彪（東湖の名）モマタ禁錮ニ就ク、風窓雨室、湿邪コモゴモ侵ス、非衣疏食、飢寒並ビ至ル、其ノ辛楚艱苦ハ、常人ノ堪ヘ難キ所、シカレドモ宿痾頓《とみ》ニ癒エ、体気頗ル佳ナリ、宇宙ヲ睥睨シ、叨《みだり》ニ古人ト相期スル者、蓋シ天祥ノ歌ニ資スルコト多シト為ス」（原漢文）とも述べてをります。東湖先生の学問の基くところ、またその想ひ。これらの文章からその一端を伺ふことができるでありませう。優れた古人もまたその先輩から学んでゐるのです。

古人先哲から学ぶ、学ぶといふとまだなにか他所事のようで足りないかもしれない。古人に扶けて貰ふ、といふべきでせうか。古先哲におすがりし、その力を分けて貰ふことによつて人としての道をはづさないやうに努力する、それが学問であらうと思ひます。そのやうな学問によつて築かれた人格・信念の自づからなる発露がこの「小梅水哉舎記」であります。ちなみに、私はこの文章を読むたびに、静かな勇気を与へられるのであります。（平成二十二年二月　芸文学苑講座・平成二十六年二月訂正）

第六章　君臣水魚

不レ可レ用ノ潜龍、不幸にして田ヲ出シヨリ此方、日夜乾々として改革すれとも、本ヨリ九五ニ可レ有徳なきが故ニ、又、不得九三之君子、只以二無居譽者一爲執政者ハ是全九五之徳なくして上ニ有が故也。君子・不肖之言、紛々として常ニ耳ニはなれす。君子ハ我所愛、不肖も亦我所養なり君子も爲レ國言、不肖も亦爲レ國言、其こゝろさしハ各同して、其意ニ有大小者甚異り。本より小人の用ハレ言、何ゾ至二テ今日一日夜乾々として改舊弊乎。されと、君子・小人皆我所養なるが故ニ、有其過而轉職則不曲其法、會澤と法と何か思キ。○正邪皆我所養ニして、其所レ行之悪不善而不悪其人、故雖正而不當其職者轉而用之、邪而不當其職者退而置二無推之所一ニ、悪レ之甚しきハ、是亂之本也。凡在其職者各守二其職一可レ爲二一國一。余本ヨリ雖愚、相續遺領而欲レ爲萬民、故改二舊弊一者也。確乎何後舊弊用邪佞哉。川瀬辞職我亦可辭、然則我進退可謂川瀬の有意。

水戸烈公肖像
（『水戸學精髓』より転載）

（句読筆者）

十一月十四日
川瀬七郎衛門へ

この書簡は、天保二（一八三一）年南郡の郡奉行川瀬教徳に与へた水戸藩主徳川斉昭（烈公）の書簡である。

お気付きと思ふが、文章の表記が通常の表記に見られない乱れ方をしてゐる。烈公の名誉のために一言すれば、これは極めて珍しいのであつて、原本の書体の躍動し、ところどころ抹消や追加のある点も、この書翰が感情のほとばしるままに一気に書かれたものであることを示してゐるといつてよいであらう。

読なれぬ人のために一文の趣意を意訳すれば、

自分は、はからずも水戸家の家督を継ぐ身となつたが、もとより徳も才も足りず、そのため、身近に真に頼みとする家臣に恵まれない（重臣に人が居ない）。しかし、ひとたび藩主となつたからには、その責任を全うすべく、日夜苦心してゐるのである。川瀬達は藩の重役どものことをことごとに非難するが、確かに彼等は小人であるが、彼等もわが家臣である。その云ふところは姑息旧弊ではあるが、それぞれの職務に応じて国家（藩のこと）のためにいろいろの意見を申し述べてゐるのである。もちろん、川瀬達の意見の方が正しく革新的であつて、自分も同意することが多いから、川瀬達の意見を取入れて改革を推進しようとしてゐるのである。しかし、彼等の意見が姑息旧弊だからといつても、それだけで退職させたり処罰したりは出来ない。彼等も同じく我が養ふところの家臣である。会沢が正義の人物であり、用ゐるべきであることは知つてゐるが会沢は法を冒したのであるから処罰は当然である。正義の人間であつても罪は罪、但し彼は用ゐるべき人物であるから、いつたん外転の処置をとつたのである。そのへんのところは、自分の苦しい立場をよくよく察知してくれてもよいではないか。繰り返して云ふが、邪妄旧弊の肩を持つわけではない。正論による改革の志は一歩も退いてはゐない。ただ、藩主として公平であらうとするだけである。川瀬は今回の処置を撤回しなければ辞職するといふが、川瀬が辞めるなら、自分も藩主を辞めようではないか。

といふことにならうか。怒りといふよりも、頼りとする人物に真つ向から嚙みつかれたもどかしさ、悲鳴に近い赤裸々な心情が窺はれる。文中の「九五」は易の卦から来た言葉で君主を意味する。「九三」は定かではないが臣下の意であらう。会沢は、かの『新論』の著者である会沢正志斎（伯民）である。

総体に、烈公の書翰は、その数も非常に多く、文章も具体的で率直なものであるが、それにしても、堂々たる三十五万石、御三家の当主が、一介の郡奉行に対してこのやうな書翰を自筆で与へるといふのは、いつたい、どういふことなのか、少し前後の関係を説明しなければなるまい。

烈公は、文政十二（一八二九）年十月十七日、三十歳にして兄斉脩（哀公）のあとを承けて水戸徳川家の藩主となつた。襲封の翌十八日、一書を載して家老重臣に与へて、藩主として政治に臨む心構へを述べ、その協力を要請したが、その根本理念を一首の歌に託してゐる。

　　ちゝに思ふひとつ報も有らぬ哉
　　　三十年民に恵まれし身の

この歌に籠められた安民の政治が、烈公の生涯を貫く理念であつた。

その歳のうちに、矢継ぎ早の改革指令が出され、重役人事の更迭も行はれたが、あくる天保元年、民政の中心を担ふ郡奉行の総入替へを実施してゐる。新任の郡奉行は、友部好正・山口正徳・田丸直諒・川瀬教徳・会沢安（正志齊）・藤田彪（東湖）・吉成信貞であつた。このうち、友部は立原翠軒門であつて、やゝもすれば川瀬達と意見を異にし、やがて執政岡部以徳と結んで、いはゆる守旧派に属することになるが、他はいづれも硬骨の士、川瀬以下の四名は藤田幽谷門下でもあり、またいはゆる南上の士の中でも中心的な人物である。南上の士とは、哀公危篤の報に接して、烈公の襲封運動のために脱藩の罪を恐れずに江戸に上つた人々である。

川瀬教徳は、寛政年中、徒士目附から次第に累進して、寺社奉行、郡奉行を経たが、自ら辞職してゐる。幽谷門下ではあるが、あまり文字の学問は好まなかつたらしい。「無学の門人、僕の如きものあるも亦奇ならずや」と豪語したと伝へられてゐる。実務を得意とし、実践躬行に秀でた剛毅果断の気象がうかがわれる話である。のち、桜田門外の変の中心となつた金子教孝が、実は、教徳の次男であるといへば、なるほどと思ふ人もあらう。いはゆる学者にはならなかつたが、生半可な学者よりは、はるかに道義に徹した人物である。とまれ、烈公襲封とともに、再び登用されて郡奉行となつた。時に五十四歳、年齢といひ経歴といひ、文字どほり同列中の中心人物であつた。

やがて翌天保二年正月、郡は再編されて四郡に統合され、山口は目附へ、田丸は勘定奉行に、会沢は御用調役（奥右筆）へと転じ、川瀬、藤田、吉成の三名と、新たに石河幹忠が郡奉行となつた。四人は心を合せ、連絡を取り、民政の改良安定に努力するとともに、藩政の根本についても意見を交換しては、これを郡宰の意見として上申し、烈公の改革政治を援けようとした。藤田東湖が後に記してゐるところによれば、当時、江戸の水戸邸と水戸の藩庁を往復する使者は月に六度、そのうちただの一度も、郡宰からの意見書・報告書の無いときはなかつたといふ。郡奉行として川瀬が残した業績の中で、幕府の認可をとりつけて実現した天神川浚渫工事の成功は、彼の行政手腕をよく示してゐる。これは、天保二年七月に竣工してゐるが、利根川河口域の洪水を防止して大いに効果あり、土浦藩もそれによつて恩恵を享けたことは、大久保要の感謝の意を述べた書状が残されてゐて、明らかである。

四人の郡奉行を、いはば行政の先端に立てゝ、大いに改革が進展するかとみえたこの年（天保二年）十月二十九日、突如として会沢安が史館総裁に外転せられた。史館総裁といへば聞えは良いが、実質的には政務の枢要からはづされたことになる。この処分の理由は、会沢達が政務の機密を洩し、且つ、党派を結んだ、といふことであつた。

当時、「東藩文献志」の編輯が再興され、その係りに、会沢や鈴木宣尊、杉山忠亮達が任ぜられてゐたが、この修志局に勤める面々は、多く改革派の同志であつた。一方、執政の岡部以徳は、いはば守旧派の中心人物であつて、川瀬達からすれば、この人物が政府の中心に居るかぎりは、烈公への進言もなかなか伝はらず、改革も進展しないと見られてゐた。そして七月、会沢達の運動は效を奏して、岡部は江戸から水戸の執政に転ぜられ、烈公の側近から離れることになつたが、岡部はこれら一連の改革派の動きをこゝろよくは思はず、会沢達は政機を漏洩し、徒党を組む者、と報告し、一個の専断を以て処分を強行したのである。

果然、郡奉行達は一致してこの処置の非を鳴らし、烈公に処分の撤回を逼つた。はじめに掲げた書翰は、この郡宰上書のうち、十一月四日、川瀬の上つた意見書に対する烈公の「諭書」である。川瀬の上書は『水戸藩史料』に載せてあるので御覧戴きたいが、会沢達の処罰のいはれなきを痛論してゐる。

烈公は、国許の政府の言を信用して、その処分は法を守るため、と説いてゐるが、事実は岡部らによる改革派への捲き返しの感が強い。この間の事情を烈公がどこまで察知してゐたかは不明であるが、まづ分つてゐなかつたと見てよいと思ふ。といふのも、藩主として、出来るかぎり内部の軋轢を回避しよう、両方を立てながら家臣団の秩序を守らう、といふ意図が見られ、改革派に好意を寄せながらも、「水戸の事情は善悪ともに強過ぎる」などと、もつと穏やかに出来ないか、といふやうな口ぶりがみられるからである。いはば、善意のトップ（首脳）の、その初期に見られる傾向である。この段階では、改革派と烈公は志を一にしながらも、未だ呼吸はよく合つてゐない。

しかしながら、ものごとはその根本を正さなければ、たとへ一時うまく運ぶやうでも、結局は元の木阿弥となつてしまふ。ひとたび改革の方向が定められたなら、軌道に乗るまでは多少の無理は避けられない。根本が立ち根幹が確立すること、これが何よりも優先さるべきであつて、まして、民政の実態を知悉してゐる川瀬達にとつて、ここで妥協することは、改革を失敗に終らせ、ひいては、烈公のせつかくの志をも無に帰してしまふことになるのである。

問題は次第にこじれる。なにしろ、改革派は一身の保守を考へない面々であるから断乎として引かない。翌三年二月には、処分を非として出仕を怠つた奥右筆深沢敦忠（会沢の同志）が、つひに小普請（無役）に貶せられるに及んで、藤田彪も、翌日より病と称して出ず、川瀬はまたまた激越な上書を呈した。つひに烈公は、水戸の実情の特別調査を指示するとともに、中村淑穆、山口正徳、次いで川瀬および石河の両名を江戸に招いて、詳しくその心底を質した。結果、やうやくにして烈公の理解は深まり、五月、会沢の資格を旧に復し、鈴木宣尊を郡奉行に、藤田彪を江戸通事に、原田成祐を江戸寺社役に挙げ、やうやく一件の落着を見た。

ところが、七月から八月にかけて、またまた波瀾が起る。

守旧派は再び捲き返しを謀り、跡部正生（のちの武田耕雲斎）ら有志の面々を目附役から除外したのである。

有志の面々は再び苦心上疎して公の再考を求めることになるが、このたびも川瀬は、最も激越に処分の撤回を求め、辞職を以て公の再考を迫つた。けだし川瀬の真意は、強く出ることによつて岡部等の守旧派に打撃を与へ、自らの辞職＝処罰と抱き合せの無理心中をはからうとするにあつたと思はれる。この間、藤田彪即ち東湖先生は、八方苦心するところがあつたが、川瀬の決意は固く、一身を棄て、事にあたる川瀬の誠意はつひに勝利して、川瀬は京都の順姫（二條公夫人・烈公妹）付き用人に左遷させられるが、同日、岡部は願ひを以て隠居となつた。

烈公にとつて、藩政の要所に川瀬を失ふことは大きな痛手ではあつた。ただし、川瀬はこののち京都に在つてもうひと働きし、大功をたてるのであるが、それは長くなるので省略する（本書所収「烈公の魅力」参照）。これら一連の事件を通じて、改革派と烈公の呼吸は一致し、世に謳はれる水戸藩天保改革はその第一歩を真に踏出しえたことを思へば、川瀬教徳の働きは偉大といふほかはない。

東湖先生と烈公との関係は、君臣水魚の間柄として著明であるが、それも川瀬はじめ先輩の至誠一貫、私を棄てた献身の上になつたものであることを思ふとき、改めて藤田幽谷先生の教育の力の偉大なるに驚かざるをえない。

今日しきりに行政改革が叫ばれてゐるが、真の改革・革新は、決して偶然やその場かぎりの小手先技でできるものではない。長い年月にわたる至誠の積み重ねが、事の成否を決するのであつて、これは一水戸藩の一時期ばかりではない。歴史を詳しくみることによつて、真実の学問が、結局は歴史を動かしてゐることを知り得るのである。

（「日本」昭和五十七年八月号）

第七章　弘道館記の精神

本日は「弘道館記」をお願ちしました。水戸学とは弘道館記だ、とは菊池謙二郎先生の言葉ですが、たしかに烈公の時代の水戸学を端的に現はすものは「弘道館記」でせう。

世間には前期水戸学とか後期水戸学とかいつて、義公の時代と烈公の時代はその性質を異にするといふ説も無い訳ではありません。しかし、名越時正先生は『水戸学の達成と展開』において「水戸学或いは水戸史学は他学派や内外情勢の刺激を受けたことはもちろんあらうが、それは二義的であつて、本流は光圀の本志大願を探求することで発展したものと考ふべき」と述べ、「斉昭も光圀の本願を継承するとともに、その実現のために一歩を進め」たのであつて、それが所謂水戸藩天保の改革であり、明治維新によつて水戸の志は達成された、と位置付けて居られます。つまり、所謂水戸学といふものは、表面的には時代による現れ方に相違があるやうに見えるものの、その本質に於ては一貫してゐるといふことであります。

簡単に復習致しますと、光圀によつて基礎を置かれた一種独特の学風、それはまさにその時代に於て新しい思想基盤を形勢したといつてよいと思ひますが、義公薨後は大井松隣や打越樸斎といった人々によつて受継がれて行くのですが、これら義公に近侍した人々が段々と亡くなつてゆく中で、次第に曖昧になり、史館の仕事は継続してゐるものの、しかしその本来の姿勢、編纂執筆の方針すら弛みかけて安積澹泊の叱責を受ける有様、やがては本紀列伝の一応の完成をうけて、史館の閉鎖を避ける為に続篇編纂が発案されるなど、本来の光圀の意志・本願が見失はれてゆく。史館の活動そのものも停滞を余儀なくされます。やがて、光圀薨後九十年、藤田幽谷といふ一人の天才が現れました。この人が義公の真意・本願を復活させる。幽谷はいつたい何時の時点で何をきつかけに義公の本願を見出したのか、これは私が永く問題にしてゐるところですが、その時期に就いては十七歳の寛政二年三月に書いた文章、「送原子簡序」(原子簡を送るの序)の中で、『大日本史』は、実は『春秋』に匹敵する経世の書であるのに、「後人或ハ孔子春秋ヲ修スルノ義ニ達セズ、故ニ先公史ヲ作ルノ旨ヲ知ル能ハズ」といひ、「日本史ハ乃チ先公ノ心ヲ寓スル所、春秋ノ後乃チ斯ノ書有リ」と断じてをりますから、この時には既に確信を持つてゐたことは明かであります。

これは、義公の志は二千年を隔てて孔子の志を継ぐものであり、『大日本史』は日本の『春秋』であるといふ断案であります。幽谷は更に研究を深め、『大日本史』編纂のそもそもの始めから当時に至る編纂事業の道筋・変遷を、史館に残された根本史料を駆使して検討し批判して、今日の史館はどのやうに在るべきかといふことを考へ、その研究成果を『修史始末』といふ書物として著し、これを当時の史館総裁立原翠軒に提出するのでありますが、顧みられることはありませんでした。

しかし、このやうにして明らかにされた義公の本願は、やがて幽谷の弟子達に受継がれ、烈公の藩政の中に具体化されて行くのであります。勿論、当時は水戸学とは申しませんでした。当時はある種奇異の目で見られ、水府学とか天保学とか呼ばれてをりました。これは水戸藩の所謂天保の改革事業が非常に目覚しく、他の藩からみるならばまさに瞠目すべき事業が次々と実施され、挙げ句将軍から褒奨を受けるといふことで、世間の注目を浴びた。一体このやうな大事業はどのやうな精神を基にして生まれて来るのか、どうしたらこのやうな大事業が実現可能なのであるか、そのことを天下に明らかにしたのが「弘道館記」（以下「館記」といふ）といふ文章であつたのです。

「館記」の学問的な特色は「神儒一致」といふことにあります。日本の神々を尊重するといふことは我国の歴史を大切にする、自国の歴史に積み重ねられた精神を根本とするといふことですが、同時に儒教に代表される外国の思想・文化もまた、優れたものは虚心に受け入れる、尊重するにやぶさかでない、といふことを示してをります。当時既に各地に藩校が設置されて居りましたが、それらは全て孔子のみを祀る儒教中心の学校でありましたから、水戸の提言は人々に大きな衝撃を与へたことでせう。「館記」の表現を借りれば「敬神崇儒」といふことになりますが、この精神が水戸藩の改革事業の根本を為してゐることは、要石の歌「行くすゑも踏みなたがへそ蜻蛉島大和の道ぞ要なりける」を踏へつゝ、例へば大胆に西洋の最新技術を採用して軍制の近代化を計らうとしたことにも現れて居ります。その現実を見、「館記」を読んで、心ある人々は今後の我国の進むべき方向を識つたのです。

「館記」、また烈公の「告志篇」や会沢伯民の「新論」等は道標として仰がれるやうになつた、そこに水府学、天保学の名がうまれたのです。

言ひ換へれば、天保期の所謂水戸学とは、義公時代の学風に具体的な文章と政治的な実践を通して形を与へたもの、といつて良いと思ひます。それは義公時代から見れば展開であり発展であり、その意味からこれを後期水戸学と称することも可能でありますが、本質に於ては義公時代の継承・発展であると考へます。

今日は、その後期水戸学の理念を闡明した「館記」、これに絞つて考へてみたいと思ひます。「館記」文の作製の命が藤田東湖に下されたのは、弘道館の建設に先立つ天保八（一八三七）年六月十日でありました。

東湖先生は当時三十二歳、少壮気鋭の学者、当時の役職は御用調役（江戸詰）でありました。館記の執筆は会沢伯民が辞退したためにお鉢が廻つて来たといふことでありますが、東湖は烈公から指示された内容を参酌しながらも、「神州の一大文字ニも相成るべき」ものであるからこの文章が「東藩学術の眼目」となり「推テ天下ニ及ひ　神州左衽の憂無レ之様」（会沢宛て東湖書簡）な十分の働きをすることを念願しつゝ作文します。この東湖の執筆の心構へを述べた文章によつて「館記」の目的は明瞭であります。東湖の原案を得た烈公は、これを幕府の儒官である佐藤一斎に先づ見せて添削批評を求め、次いで会沢伯民と青山雲龍の両碩学と共に逐一検討を加へてひととほり文章を完成させ（『水戸藩史料』別記下参照)、おそらくはこの文章を、自ら筆を執つて篆書体で記し、真弓山から切出した大理石に刻ませます。しかし、文中「配孔宣父者何」といふ一句がどうにも落ちつきが悪く、烈公は良い表現が見当らず様々に苦慮しますが、たまたま天保十一年(?)九月十日夜、夢の中で「営孔子廟」といふ一句を得て、碑石を削り直して改めて碑文を書き直します。これが現在弘道館に在る碑石であります。碑文の末尾には天保九年三月となつてをりますが、この日付は最初の成稿の日付でありませう。

始めに本文を掲げ次いで読みを記します。

弘道館記

弘道者何。人能弘道也。道者何。天地之大經。而生民不可須臾離者也。弘道之館何爲而設也。恭惟上古神聖立極垂統。天地位焉。萬物育焉。其所以照臨六合。統御宇內者。未嘗不由斯道也。寶祚以之無窮。國體以之尊嚴。蒼生以之安寧。蠻夷戎狄以之率服。而聖子神孫。尙不肯自足。樂取於人以爲善。乃若西土唐虞三代之治教。資以贊皇猷。於是斯道愈大愈明。而無復尙焉。中世以降。異端邪說。誣民惑世。俗儒曲學。捨此從彼。皇化陵夷。禍亂相踵。大道之不明於世也蓋亦久矣。我東照宮撥亂反正。尊王攘夷。允武允文。以開太平之基。吾祖威公實受封於東土。夙慕日本武尊之爲人。尊神道。繕武備。義公繼述。嘗發感於夷齊。更崇儒教。明倫正名。以藩屛於國家。爾來百數十年。世承遺緒。沐浴恩澤。以至今日。則苟爲臣子者。豈可弗思所以推弘斯道。發揚先徳乎。此則館之所以爲設也。抑夫祀建御雷神者何。以其亮天功於艸昧。留威靈於茲土。欲原其始。報其本。使民知斯道之所繇來也。其營孔子廟者何。以唐虞三代之道折衷於此。欲欽其德。資其教。使人知斯道之所以益大且明不偶然也。嗚呼我國中之士民。夙夜匪懈。出入斯館。奉神州之道。資西土之教。忠孝無二。文武不岐。學問事業。不殊其效。敬神崇儒。無有偏黨。集衆思。宣群力。以報國家無窮之恩。則豈徒祖宗之志弗墜。神皇在天之靈。亦將降鑒焉。建斯館以統其治教者誰。權中納言從三位源朝臣齊昭也。天保九年歳次戊戌三月。

弘道館の記

弘道とは何ぞ。人能く道を弘むるなり。道とは何ぞ。天地の大経にして、生民の須臾（しばらく）も離るべからざるものなり。弘道の館、何の為にして設けたるや。恭しく惟《おもん》みるに、上古、神聖、極を立て統を垂れたまひ、天地位し、万物育す。其の六合に照臨し、宇内《うだい》を統御し給ふ所以のもの、未だ嘗てこの道に由らずんばあらざるなり。宝祚《ほうそ》これを以て無窮に、国体これを以て尊厳に、蒼生これを以て安寧に、蛮夷戎狄これを以て卒服《そっぷく》す。しかうして、聖子神孫、なほ肯《あ》へて自ら足れりとせず。人に取りて以て善を為すを楽しみ給ふ。乃ち、西土唐・虞・三代の治教のごとき、資《と》りて以て皇猷を賛《たす》く。是において、この道、愈々大に愈々明らかにしてまた尚《くわ》ふるなし。中世以降、異端邪説、民を誣《し》ひ世を惑はし、俗儒曲学、これを捨て彼に従ひ、皇化陵夷し、禍乱あい踵《つ》ぎ、大道の世に明らかならざるや蓋しまた久し。我が東照宮、撥乱反正、尊王攘夷、允武允文、以て太平の基を開く。吾が祖威公、実に封《ほう》を東土に受け、夙《つと》に日本武尊《やまとたけるのみこと》の人となりを慕ひ、神道を尊び、武備を繕《おさ》む。義公経述し、嘗て感を夷齊に発し、更に儒教を崇め、倫を明らかにし名を正し、以て国家に藩屏たりき。爾来百数十年、世々遺緒を承け、恩沢に沐浴して、以て今日に至る。則ち苟も臣子たる者、豈この道を推弘して先徳を発揚する所以を思はざるべけんや。此れ則ち館の為に設けらるる所以なり。抑も夫《か》の建御雷神《たけみかずちのかみ》を祀るは何ぞ。その天功を草昧に亮《たす》け、威霊をこの土に留むるを以て、其の始めを原《たず》ね、その本に報い、民をしてこの道の繇《よ》りて来るところを知らしめんと欲すればなり。その孔子の廟を営むものは何ぞ。唐・虞・三代の道ここに折衷するを以て、その徳を欽《うやま》ひ、その教へを資《と》り、人をしてこの道の益々大且明らかなる所以の偶然ならざるを知らしめんと欲すればなり。嗚呼、我国中の士民、夙夜懈《おこた》らず此の館に出入し、神州の道を奉じ、西土の教へを資り、忠孝二無く、文武岐《わか》れず、学問事業その効を殊にせず、神を敬ひ儒を崇《たっと》び、偏党あること無く、衆思を集め、群力を宣《の》べ、以て国家無窮の恩に報いなば、則ち豈徒《ただ》に祖宗の志墜《お》ちざるのみならんや、神皇在天の霊、またまさに降鑒せんとす。この館を建て以てその治教を統ぶる者は誰ぞ。権中納言源朝臣《あそん》斉昭なり。天保九年歳次《ほしはやどる》戊戌《つちのえいぬ》春三月。

皆さん既によくご存知の文章であります。明治の頃には旧水戸藩士の中にはこの文章を毎日暗誦する人が在りました。梅里先生の碑文も同様であつたやうです。それほど深く人々に愛され浸透してゐたのでせう。

それはともかく、通釈して大要を理解したいと思ひます。

弘道館といふ学校を創つた。弘道といふ名称を付けた。では、この弘道といふのはどういふ意味か。これは、人が道を弘めるのである。道が勝手に自分から弘まるのではない。すなはち道が弘まるかどうかは、それぞれの人の働きにかかつてゐる、といふ意味である。

（これは「論語」衛霊公篇「人能ク道ヲ弘ム、道ノ人ヲ弘ムルニ非ザル也」が出典であることご存じの通りです）。

それでは、道とは何であるか。道といふのは「天地の大経」＝天地自然の大道即ち人の自づから踏み行ふべき道、所謂「五倫」＝人間道徳の基本であります。従つて、生きとし生ける全ての「人」は、ほんの暫の間も道を離れることが出来ないものであります。離れれば人では無くなるのです。

（不可といふ言葉は現在では禁止の意味に用ゐられることが多いのですが、こゝでは不可能の意味です。また、「弘道館記述義」によれば、「神州所固有」とあつた原案を「天地之大経」といふ言葉に改めたのは烈公の断案であるとのことです。中庸に「唯天下ハ至誠ニシテ能ク天下之大経ヲ経綸スルト為ス」、朱註に「経、常也。大経、五品之人倫」とあります。公の学問の一端が偲ばれます）。

さてこの館は何の為に設けられたのであるか。この学校設立の目的は何か。これについては深く考へてみなければなりません。

謹んで歴史を顧みれば、遥か遠い遠い昔に、天照大御神が神々の御意志を承けて、

（この神聖といふ言葉が何を指すかについて、「弘道館記述義」の解説では天照大御神以前の全ての神々を指すやうに読み取れます。東湖は道が日本固有のものであり＝輸入品（儒教）ではない＝それは天神に基くと理解してゐるので立極垂統を諸々の天神の意志として説明したのであらうと思ひますが、それらの神々の集約として、或いはその意志を発現させた存在として天照大御神を指すと考へて良い。立極垂統といふ言葉は天照大御神に相応しいと思ひます。）

そのお孫さんの瓊瓊杵尊に、お前の子孫の手でこの国を治めよ、とお命じになつた。この御命令（日本書紀の中に記されてゐる所謂天祖の神勅）によつてこの国の主君が立てられ＝国家の骨格が定められ、

（極といふ文字は、家の心柱といふ意味や天位・帝位といふ意味があります）、

そしてそのお血筋に繋がる方々が代々の天皇としてこの国を治められましたので、天も地も正しい姿を保ち（自然の秩序が正しく立ち）、全ての生命が豊かに成育し、人もまたその恵みを受けて来たのであります。天皇の御政治は全てこの天神達が示された日本の道によつておこなわれてきたのであつて、

（六合は天地四方、宇内も同じで、天下・世界を意味します）

其れ故に、天皇の御位は揺らぐことなく永遠であり、我が国柄はこの故に尊厳を保ち、従つて人民は安心して生活し、周囲の外国も風を望んで服属したのであります。

（位トハ其ノ所ニ安ンズル也。育トハ其生ヲ遂グル也、とあります）

しかしながら、御歴代の天皇はこれで満足してしまはれなかつた。朝鮮や大陸から縫製や治水の技術を学び更には儒教によつて道の理解をいよいよ深められるなど、他の優れた所を執り入れることによつて我国の固有の道を一層明らかにいよいよ豊かにすることを楽しみとされました。支那の伝説にある古代の政治の姿（＝唐虞三代之治教）などは大いに参考にして実際の御政治に活かされたのであります。このやうに歴史を重ねて参りました為に、神聖の大道もますます明らかにますます豊かになり、これ以上加へる必要もない程の素晴しい力を発揮したのであります。

しかるに時代が下つて中世ともなりますと、

（ここで中世と云ひますのは現在の国史の時代区分と同じではありません。「弘道館記述義」では、異端邪説として老荘楊墨の説、讖緯の説、仏教を挙げ、雄略天皇武烈天皇時代の皇統の危機、次いで特に欽明天皇から推古天皇の時代の仏教信仰の採用・公認などによつて、固有の道が廃れて来たと述べてをりますから、大ざつぱに云つて六世紀ころからは中世といふことになります）、

異端邪説が人々を欺き惑はし、世に阿《おもね》るへつらひ学者や学問をねじまげる者共は、この日本の道を無視して用ゐようとせず、却つて外国を崇拝して儒学に阿つたり仏教などの異端の学を信奉したので、

（「弘道館記述義」では、俗儒曲学の倡（首唱者）は吉備真備と阿倍仲麻呂であると述べてをります）、

天皇の御政治の精神は、太陽が雲に遮られるやうに人々に及ばなくなり、さまざまな災害や政治的な混乱は次々と起り、結局して、君臣上下の別も人倫の大道も忘れさられ不明のままで経過し、考へてみれば随分永い年月が経過したのでありました。

そのやうな中に、徳川家の先祖である徳川家康公（東照宮）が出られて、戦国時代の混乱を治めて秩序を恢復し（＝允武允文）、国の姿を正しいものに戻し、皇室を尊んで外国の脅威を排除し（御料を献じ御所を造営し、キリシタンを禁圧するなどの例をあげてゐます）、武威を輝かし学問を興し、斯くして天下泰平の基礎を置かれたのであります。我が藩は、私の先祖である威公（頼房）に始まるが、威公は早くから日本武尊の為人《ひととなり》を敬仰され、神祇を重んじて萩原兼重に就いて神道の研究をなされ、また士を愛し非常の備へを忽せにしませんでした。義公は威公の志を継承し、更に伯夷叔斉に感じて儒教を深く極め、道徳を明らかにし名分を正して日本国の守護者となりました。それより百数十年、代々の藩主はその遺業を受継ぎ、人民はその恩恵を全身に浴びて今日まできたのであります。このやうに歴史を顧みて来れば、いやしくも水戸藩の士人として生まれて来た者達は、我国の道を押し弘めて先祖の徳を世に明らかにしようと思はないことができませうか、必ずや発憤興起せざるをえないでありませう。このことを自覚させ発憤を促す、これがこの館を創つた目的であります。

さて以上で弘道館の目的が理解されたと思ふが、校内に建御雷神をお祀りしたのは何故であるか。それはこの神が建国のそもそもの始めに当つて、出雲の大国主命を帰服させることによつて天孫降臨を容易にするなど、大きな功績をあげられた建国の大功臣であり、しかも常陸の鹿嶋に鎮坐ましまして居られるので、人々に国家創造の始めに想ひを致しそのご苦労を偲び、この道が遠く建国のそもそもから由来してゐることを知らしめんが為であります。

又、同じく孔子の廟を建てて鹿嶋神社に配したのは何故であるか。それは、支那古代の理想的とされる時代の精華を孔子が整理してその本質を明らかにした（折衷といふ言葉は、今日では、妥協点を見出すといふような意味にも用ゐられてゐるやうですが、本来の意味は、偏つたところや間違つた所を削り取つて中正なもののみを残す、といふ意味です）、そのすぐれた業績を心から尊重し、その学問の精華に学ぶ事によつて我国の文物も豊かになり、この道がさらに大きくしかも明瞭になつたのは決して偶然ではない、といふことを知らしめんが為であります。

このやうな次第でありますから、さあ！城下の全ての士分・官僚達よ、

（「弘道館記述義」では、「国中ハ郊内ノ地、所謂城下コレナリ。士トハ巨室世家適庶少壮皆包ム。民トハ庶人ノ官ニ在ル者吏胥卒徒皆括ル。」とあります）、

朝から夜まで一日中怠けることなくこの館に出入りし、我国の道を根本と立てて外国の教をも取入れ、

1　忠と孝とは道を二つにせず、

2　文と武も相俟つて正しく働くものであることを理解して両道に精進し、

3　学問とは道を問ふこと、事業とはその道を実践することであるから、両者が別々にならないやうこころがけ、

4　神を敬ひ儒を崇び（これは上文の「神州の道を奉じ西土の教を資る」と同じことです）、神儒いづれにも偏ること無く、

5　多くの人々の睿知を集め、それぞれの能力を発揮させ、

以て国家無窮の恩に報いるべく努めるならば、祖宗（東照宮・威公・義公など）の志、その御努力のあとを無にするようなことになるはずはない、必ずやその志を宣揚することが出来るであらうし、また御歴代の御霊もかならずや天上から安心してご覧くださる（＝降鑒）ことでありませう。

この館を建て、その維持監督及び教育を統轄するものは誰かといへば、それは他ならぬ権中納言従三位源斉昭その人であります。

以上、概略文意を取って来たのでありますが、弘道館教育の目標は、報恩感謝のまごころを以て「国家無窮の恩に報いる」人材を育成することにあるのであります。

なほ、二・三の語句の解釈について敷衍して申し述べたいと存じます。

一つは**「人能ク道ヲ弘ム」**といふ詞であります。

人の社会は「道」によつて成立つてゐることはどなたもご承知のことでありますが、この道といふのは、人が意識してこれを自らに担ひ弘めてゆくものである、といふことです。このことはとかく忘れられ勝ちなことで、何度強調されても良い。道が廃れゝば修羅畜生の世界となる。残念なことに我国の現状はこれに近い。人間界の秩序、平和で安定した社会といふものは、呑気に構へてゐてそのまま存続するものと考へるのは間違ひなのです。一人一人が道を学び道を担ふ努力を継続することによつて始めて実現するものであるといふこと、これが学校の名称であるといふことの重みを考へなければなりません。

第二は「上古神聖極ヲ立テ統ヲ垂レタマヒ、天地位シ焉万物育ス焉」といふ言葉であります。これは極めて重要な言葉であります。国の中心が定められることによつて君臣上下の秩序が定まり万物がその所を得て繁栄することができる。歴史といふものはここに始まる。これは「大日本史」の立場でもあります。大日本史は神代に就いては歴史としては扱はず、神武天皇から始まつてをります。ちなみに焉といふ文字は終詞あるひは決詞として用ゐられますが、その中に或る種の咏嘆の感情を含む文字であります。焉といふ文字がここに用ゐられてゐることはなかなか意味があると思ひます。

勿論日本民族の存在は非常に古いものでありその始まりは渺として明かではないけれども、その歴史は「立極垂統」によつて始まるのであります。歴史といふものは年代記ではない。年代記は歴史を知る方法ではありますが歴史そのものではない。歴史、英語では History ですが、その本来の意味は

「書かれたるもの」といふ意味なのであります。書かれるに価するもの、それが歴史であるといふことは古くギリシャの時代からの常識なのであります。人の一生に就いて考へてみて下さい。幼時に歴史がありますか。どなたも自分自身を自覚して人生の目標を定める十代後半から、その人間の、人としての主体的な生活が始まる。すなはち始めてその人の歴史が始まるのであります。孔子は十有五にして学に志すといつた。義公は十八歳で目覚めた。目標を持ちそれに向つて努力精進するその軌跡が、記されるに価する歴史となるのであります。勿論、幼少の時代が無意味であるといふことではありません。それは確かにその人物の形成に重要な一部を為すことは十分認められますが、それはいはば胚であつて、未だ海の物とも山の物ともつかない状態であり、誰もが似たやうな時代でありませう。国家に於ても同じことで、国家の骨格が定まり、その国が建てられた目的、目指す方向が明瞭に示されることによつてはじめて歴史が始まる。どの国でもどの民族でも、それ以前は厳密な意味、本質的な意味に於いては歴史とは云へないのであります。現代の学界ではこの点が曖昧になつて来て居りますが、それでも石器時代などは「先史時代」として「歴史時代」とは区別されて居ります。

第三に**「文武岐レズ」**といふことであります。普通にはこれを勉強も運動も、といふやうな意味、つまり文と武を別々なものと受け止める人が多いのでありますが、実は真の武には文が含まれ、真の文は武を併せ持つものであります。東湖先生の「弘道館記述義」では、文武一体の例として、例へば、その天祖以来の創業の御歴代が天下を経綸するに当つて武を以て威勢を示したことは勿論であるが、その敬神愛民のまつりごとは之を文と云はなければならない。文は道義を講ずるもの、武は心胆を錬るもの、一体となつて文弱武愚の弊を免れる、と述べてゐます。吉田松陰先生が「士規七則」の中で、「義ハ勇ニヨリテ行ハレ、勇ハ義ニヨリテ長ズ」と云つてゐるのも同じ意味でありませう。また、水戸藩では早くから制度の上でも文武を一つにして居ります。儒者といふ職を廃し、蓄髪の上通常の武職に任ずる。史館の編修なども馬廻、近習番、大番など通常の職に任ぜられます。もつとその実務は免除されました。文武の一致といふことは、道を明らかにしその道を実践する勇気を鍛えることでありますから、お題目ではなく、実際の生活、私どもの日常に実践されなければならないことなのです。

第四に**「偏党有ルナシ」**について。

「弘道館記述義」によれば、この一句は神道儒教の何れにも偏つてはならぬ、といふ意味でありま す。しかし、偏らぬからといつて、神を祀ると同じやうに唐虞三代をも祀るのであるか、といふとそれは違ふ。「神州ハ自《おのずか》ラ神州、西土ハ自ラ西土」であつて、内外の分・上下の別を明らかにしなければならない。その最も良い例は、弘道館に於ける孔子の位置付けであります。孔子の廟をどのやうにするかといふことについて、或いは孔子の像を祭れとか、孔門十哲なども一緒に祭るべきだ、等の議論があつたが、烈公は一切を拒否し、しかも後世に孔子に奉られた文宣王等の称号も一切用ゐず、ただ斎戒沐浴して親ら牌に「孔子神位」と書してこれを祭つた。これは慎みの至りであり、有無偏党の真意は実にここに在るのだ、と「弘道館記述義」は述べて居ります。前に触れました「営孔子之廟」

といふ文字遣ひもまたこの精神に他なりません（本紙所収「弘道館記の成立と烈公の苦心」参照）。

藤田東湖は当時の儒教に偏した学者達を「和唐人」と呼んでをります（『東湖先生の半面』所収寺門政次郎宛書簡）。どういふ事かといひますと、当時の人々は支那人を尊んで司馬温公、朱文公などと尊称してゐながら新田義貞が云々、楠正成が云々と呼び捨てにしてゐる。これは日本人の皮を被つた支那人だ、といふことです。つまりは、芯はしつかり「日本」に置きながら、広く公正な目でものごとを判断することが、すなはち本文に云ふところの折衷することが、「無有偏党（偏党アルナシ）」といふことであります。これを現代に考へれば、神儒のみでなく、西洋の学問・文化をも折衷して、全世界の学問を折衷して道を明らかにすることが求められてゐるのです。それが水戸学なのです。

ところで菊池謙二郎先生は「水戸学の五綱領」といふ論文で、「弘道館学則」に指摘されてゐる四綱領、則ち神儒の一致・忠孝の一致・文武の一致・学問事業の一致の四つに、治教一致を加へて弘道館教育の五綱領として居られます。それは、最後の一文、**「斯ノ館ヲ建テ以テ其ノ治教ヲ統ブル者ハ誰ゾ」**として、烈公自らがその全責任を担ふ、いはば弘道館大学の総長は自分であると宣言されてゐるところに明かでありますが、職制の上でも月二回の定例の試験には家老・番頭などが出席してこれを実行するなど、藩の重役にも館の実務に参画させて親しく学生（藩士）の状況を認識させるやうにするなど、政務と教育を一体に運営しようとしてゐることも、大きな特色であり、今日に参考すべきことであらうか思ひます。これに関連して余談ではありますが、東京帝国大学では大正の初年までは、その卒業式に天皇陛下またはその代理が御臨席になり、人物・学業共に優れた者に銀時計を下賜されました。所謂恩賜の銀時計であります。このことは今日忘れられて居りますが、深く考ふべき問題であると存じます。

以上、本文を通釈し、更に注意すべき語句についていささか補説しましたが、最後にもう一つ付加へたいことがあります。それは「衆思ヲ集メ群力ヲ宣ベ」といふ部分です。

敬神崇儒や文武不岐はよく言及されますが、従来この句はそれほどには注目されて来ませんでした。しかし、ここに注目して、水戸学は、決して過去のものではない。「二十一世紀にこそ力を発揮出来る学問」である、と主張されるのは埼玉大学教授長谷川三千子氏であります。このことは『水戸史学』第五十三号（平成十二年十一月）にその講演の全文が掲載されて居りますので、詳しくは就いてご覧いたゞきたいのでありますが、教授は、昭和二十一年年頭に当つて、占領軍の要請に基くとはいへ、発せられた詔書の冒頭に明治天皇のお下しになられた「五箇条の御誓文」が掲げられてゐるが、それが実は昭和天皇の御叡慮に発するものであること、そしてその真意は、アメリカの宣伝する所謂民主主義は実は敗戦によつて始めて輸入されたものではなく、「公議」「公論」の尊重（＝集衆思宣群力）は聖徳太子以来の我国古来の政治思想であり、そしてそれは今喧伝されてゐる西洋型民主主義よりもはるかに充実した内容を持つてゐることを国民に思ひださせることを目的としたものであつた、とされ、五箇条の御誓文は近代のデモクラシーが持つてゐる根本的な欠陥といふものを持つてゐない民主主義といふことができる、と云はれるのです。民主主義といふ言葉の概念はともかくも、教授は、総じて「御誓文」の精神、それは明治日本の掲げた目標でもあつたのですが、それらは、弘道館記の内容と符節を合せたごとくであり、水戸学は幕末の政治思想を導いたものであると云へるのであり、さらに「館記」を熟読すれば、そこには二十一世紀の世界を導く、おほらかにして簡明なる指針が記されてゐる。「弘道館記」は過去の異物ではなく、我々がこれから学び、それに基いて未来を築いて行くことの出来る生きた教へなのである、と論じられたのであります。

この講演は我々に衝撃・反省と共に勇気を与へてくれましたが、改めて考へて見れば、明治維新を導いた先哲として吉田松陰及び真木和泉守の名を逸することは出来ない。しかるにこの二人は、水戸に遊学して深く水戸の学問に触れた人達なのであります。真木和泉守は会沢先生に入門の礼を執つてをります。水戸を師と仰ぎ水戸の精神を以て天下国家の大事を考へられた方々なのであります。

聖徳太子以来と申しますのは、十七条憲法の十五条に「私ヲ背キ公ニ向フハコレ臣ノ道ナリ。凡ソ人、私有レバ必ズ恨有リ。憾有ルトキハ必ズ同《ととの》ホラズ。同ホラザレバ則チ私ヲ以テ公ヲ妨ゲ、憾《うらみ》起ルトキハ則チ制《ことはり》ニ違ヒ、法ヲ害《やぶ》ル。云々」とあるを受けて、第十七条に「夫レ事ヲバ独リ断《さだ》ムベカラズ。必ズ衆ト与ニ論《あげつら》フベシ。云々」とあるを見れば明かであります。これが公議・公論といふことであり、「公ニ向フ」ことによつて「和」が生じるのであります。「衆思ヲ集メ群力ヲ宣ブ」とはこの精神を基盤として多くの力を公のために結集することを意味します。これを政治の根本、「まつりごと」に与る者の基本理念とするのであります。これこそが西洋の民主主義と根本的に異なるところであり、この十五条などは、まさに今日政局の頂門の一箴と云ふべきでせう。

「弘道館記」に集約される水戸学は、大日本史編纂といふ研究活動の蓄積による磐石の基盤の上に立つて、現下の国家非常の難局を如何にして打開すべきか、といふその方途を明確に宣言したものであり、それは他ならぬ我国の伝統＝歴史、すなはち我国固有の道を人々に自覚させる力となつたのであります。所謂後期水戸学の果した歴史的役割は斯くの如く偉大でありました。しかもそれは明治維新を導いた許りでなく、碩学の説かれる如く、我国の歴史の精髄を要約した文章でありますから、決して古くなることはない。今なほ生きて、占領政策による長き昏迷・混沌の現在を導く上に、大いなる力を発揮するであらう一大文章なのであります。弘道館記の精神が人々に顧みられる時、我国は再びその真の姿を顕現して、二十一世紀の世界を導く力となることでありませう。

以上を以て終ります。御清聴有難うございました。

（平成二十一年十月　水戸学講座）

第八章　弘道館記の成立と烈公の苦心

ここに紹介する史料は、弘道館記の添削推敲に関する烈公の書簡（藤田東湖宛）である。

周知の通り、「弘道館記」は、藤田東湖が草案を作製し、幕府の儒官佐藤一斎及び水戸藩の碩学会沢伯民・青山雲龍に添削を諮問し、烈公がそれらを斟酌しながら文章を完成させていつたものであり、その作文の努力は、練りに練るといふ表現がそのまま適用されるほどであつた。それは、しばしば引用される九月廿九日付会沢伯民宛藤田東湖書簡[1]の、「神州の一大文字にも相成るべき」文章であり、「東藩（＝水戸藩）学術の眼目」であるばかりでなく「推して天下に及び、神州左衽の憂、之《これ》無き様」といふ志願は、そのまま烈公の志でもあつたからである。

その苦心推敲の中でも公が最も苦心されたのが、孔子の位置付けであつた。

これまた周知の如く、弘道館は日本の道を主とするが故に神を祀るが、「聖子神孫」が「敢テ自ラ足レリトセズ、人ニ取リテ以テ善ヲ為スヲ楽シミタマヒ」て西土の教へであつても主体的に採り入れ「皇猷ヲ賛ケタマフ」たことを示す意味でも、孔子をその代表として祭るといふことは当初からの計画であつた。そのことは、後に引用する東湖書簡にも明らかである。この書簡によれば、烈公は「孔子」といふ表現は尊重の意を表はすことから、その名の丘を用ゐようとして東湖に諫められてゐるが、東湖は烈公の意を酌んで、学令に用ゐられてゐる「孔宣父」といふ表現を採用して原案を作製してゐる(2)（後引東湖書簡参照）。

この東湖の原案と考へられる（といつても東湖の最初に提出した文そのままではなく、烈公の推敲を経たものであらう）文章（いま草稿文と称す）は、大正七年十一月発行の菊池謙二郎氏『訳注 弘道館記述義』に紹介されて居り、名越漠然氏の『水戸弘道館大観』（執筆は大正九年歟。拙論『水戸史学』第六十二号所収「『水戸弘道館大観』付録並に序の再刻について」参照）にも一字一句違はずに載せられてゐる。これについて、菊池氏は「是迄諸書を渉猟したが見当らなかつた。……本年偶然にも之を発見したのである」と述べてゐる。後にその全文を転載するが、これには「祀孔宣父者何」となつてゐる。

ところで本題の書簡であるが、実は偶然名越時正前会長の遺品の中から見出されたもので、自筆に相違ないものの、Ｂ４の用紙にコピーされたものである。用紙は二枚あつて、一枚は本文のコピー、二枚目は封紙と伊藤修氏（当時茨城県歴史館学芸第一室室長）のメモのコピーである。

この書簡は既に早く『水戸史学』第四号に小泉芳敏氏によつて紹介されてゐた。それによればこの書簡は、茨城県歴史館の特別展「幕末水戸の群像」展（昭和五十年二月）に出陳されたものであるといふ。二枚目のコピーは、伊藤氏が展示に当つて釈文を確定すべく、数名の知人にコピーを送つて書簡の八行目の下部の二文字を「かへ」と読むか「上」と読むかとの意見を訊ねたものの中の一枚であると思はれる。

さて、二番煎じの譏は覚悟で、いま一度釈文を試みたい。

配孔宣父云々の配にかへ候字何レ
ニも無之指支申候いか様配ハナラフ
クハルタグヒ抔よミ候て何を申も異人の
義○神へ竝べ候義恐入候やうニ候へハ色々相
考候へ共外ニ無之日々相考申候處夫《ふ》と
只今十日夜也夢を見申候ニ
其 營《イトナム》／造《ツクル》／建《タテル》 孔子廟者何抔有之候ハ、
かけはなれ可然と見候故起かへり
燈下ニてかく認申候處廟と申も
重立候やうニて如何ニ候へ共外ニいたし
方も無之孔廟抔常ニ人も申候事故
先ツ認申候處何そ心付も有之候ハ、

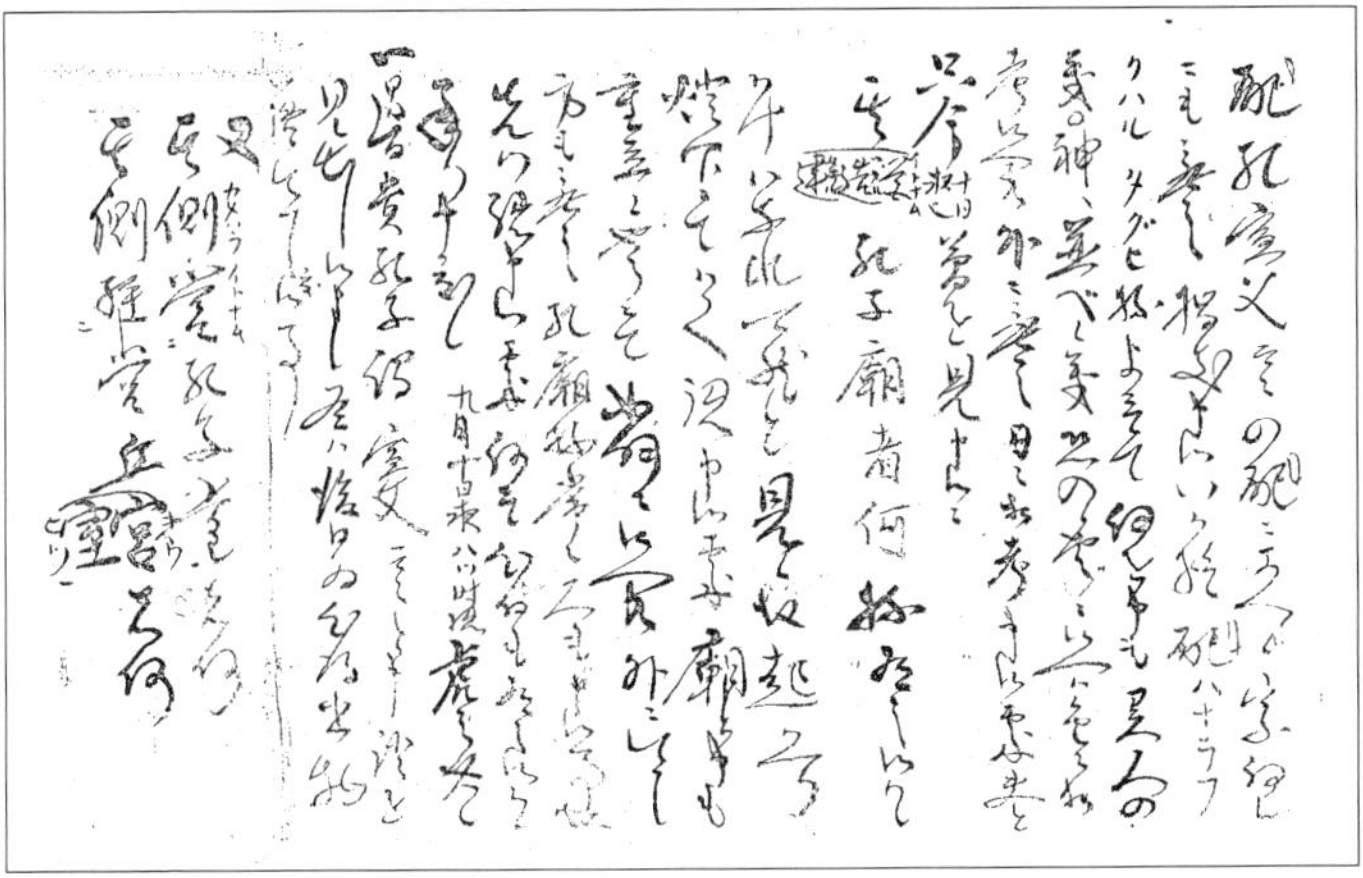

承り申度候　九月十日夜八ツ時認 虎之介へ
一　過日貴孔子謂宣父云々と申證を
見出し候よし右ハ後日爲心得書物
一覧いたし度候事
又
其側營《カタハライトナム》二孔子堂一者何
其側經二營丘（宮《キウ》一／室《ヒツ》）者何

小泉氏とは三ヵ所の読みが異なる。四号をお持ちでない方のために敢て記せば、（下が小泉氏）

1　一行目　配にかへ候字↓る
2　八行目　起かへり↓上
3　九行目　燈下にてかく↓と

「起かへり」は伊藤氏も問題にしたやうに確かに読み難いし、聞き慣れない表現ではある。しかし、『日本國語大辞典』によれば、古くは『源氏物語』に、近くは漱石の『草枕』にも用例があり、意味は「起きてもとの姿勢に返る」とあり、本文中の「へ」字の書き方や文字書法の上からも、草体の「上」の字の第三画は通常これほど長くはならず、また次の行の「かく」と同じ書きぶりであるので、「上」ではなく「かへ」がよいと思ふ。

夜八ツ時といへば丑三つ時、現在の時刻にしておほよそ午前二時頃にあたる。まさに夢中に得て早速起きかへつて机に向ひ、筆を執つて東湖への通知を認めたのである。営・造・建のうち営に決めたいきさつは不明である。

一体、弘道館記はその石刻文に天保九年三月とあるが、実は現在碑石に刻まれてゐる文章は、天保九年三月に成立したものではなく、一旦石に刻された文章は、其後（天保十一年とされている）削り取られて新しく彫り直されたものであると伝へられてゐる。そしてその最大の理由は、この書簡に見られるとおり「配孔宣父」を「営孔子廟」に改めたことにあつた、とされる。菊池謙二郎氏は前引の『訳註　弘道館記述義』の中で、「営の字は公が苦心の余、夢中に得られたといふことが公の筆録に載つてゐる」と述べてゐるが、典拠を明らかにしてゐないので、營（営）の字のことはいはば伝説となつてゐた。しかし、この書簡の存在が、伝説を史実として確定させることになるのである。

福田耕二郎氏によれば(3)、真弓山で碑文を刻する石を見付けたのが天保九年二月、その年の暮に弘道館の敷地に運び込み、天保十年八月頃から彫刻を始め、十一年の春に出来上がり、五月には中村金三郎が拓本を採つたといふ。この十一年正月には烈公が就藩してゐる（東湖扈従）。しかし、上記の営字を得たので、改めて碑面を一段削つて磨き直し、天保十一年九月八日改めて萩谷僊喬に龍の絵を、潮田蟠龍に彫刻を命じた、とある。この文章には出典が記されてゐないので何ともいえないが、九月八日は書簡と矛盾する。誤植であらうか。ともあれ、日付に疑問が残るもの、、福田氏に従へば本題の烈公書簡は天保十一年のものと考へてよいであらう。

ところで、この削り去られた文章は、『訳注　弘道館記述義』に天保九年四月に写したものとして紹介されてゐる「伝写文」に、現行のものとの異同として左の六ヵ所が指摘されてゐる。

賛皇化……………………献
使民知斯道之所由來……………………繇
又祀孔宣父者何……………………其營孔子廟者何
使人知斯道之益大且明不偶然也……………………斯道之所以益大
忠孝一本……………………無二
無偏無黨……………………無有偏黨

これも印刷であるから誤植の疑ひも無い訳ではないが、「祀孔宣父」となつてゐて、烈公の書簡と異なる。次に紹介する三儒により検討された文案（草稿文）も祀であるが、十一年春に出来上がつて刻された記文（これを仮に初刻といふ）が、伝写文の通り祀であつたのなら、一体配字はどこから出て来たものであらうか。初刻は祀ではなく配であつたのであらうか。また、同じ文案（草稿文）に「忠孝無二」とあり三儒の意見でも書き換へられなかつた「無二」が、「一本」になつてゐる。共に謎である。これもまた、推敲の変遷を意味するのであらうか。

ここで前に触れた三儒の検討の素材となつた文案（草稿文）を『水戸弘道館大観』から転載して検討して見る。

弘道者何。人能弘道也。道者何。神州所固有而生民所不可須臾離也。弘道之館。何爲而設也。恭惟上古神聖。立極垂統。天地位焉。萬物育焉。其所以照臨六合控御寓內者。未嘗不由斯道也。寶祚以之無窮。國體以之尊嚴。蒼生以之安寧。蠻夷戎狄以之率服。其爲道巍々蕩々至矣盡矣。而聖子神孫。尚不肯自足。樂取於人以爲善。至若所謂唐虞三代之治。堯舜周孔之敎。資以贊皇化。於是斯道愈大愈明。蔑有窮極也。中世以降。異端邪說。誣民惑世。俗儒曲學。捨此從彼。皇化陵夷。禍亂相踵。大道之不明於世者。蓋亦久矣。我東照公。尊王攘夷。撥亂反正。允文允武。以開太平之基。迺祖威公。實受封於茲土。夙慕日本武尊之爲人。尊神道。奮武衛。義公繼述。更崇儒敎。慨然發感於夷齊。重彝倫。愼名分。以藩屛於天下。爾來百數十年。世承偉業。沐浴恩澤。以至今日。則苟爲臣子者。豈可弗思所以推弘斯道。聿修先德乎。此弘道館之所以設也。抑祀建雷神者何。爲其亮天功於國初。留威靈於本州。原始報本。欲使人民因以知所嚮也。亦祀孔宣父者何。爲西土之道。折衷於宣父。欽其德。資其敎。欲使斯道之益大益明以光被四表也。嗚呼我國中之人。夙夜匪懈。出入斯館。奉神州之道。資西土之敎。神儒一致。文武不岐。忠孝無二。學問事業不殊其效。無偏無黨。集衆思。展衆力。以報國家。則豈徒祖宗之志有所繼。神皇在天之靈。亦將降鑒焉。遂設斯館。敢從其治敎者誰。權中納言從三位水戸源朝臣齊昭也。

カコミを付けた部分が『水戸藩史料　別記下』に載せられてゐる検討箇所であり、傍線部分は、その折の検討の対象にはなつてゐないが現行の石刻文と異なる部分、二重線は熟語の語順が逆になつてゐる所である。

三儒による検討推敲は天保八年の九月中旬から十月頃と考へられる。それは東湖から草稿が烈公に提出されたのが同年七月三日（『丁酉日録』）、東湖の進言によつて先づ一斎の意見を聞いてから水戸の儒者に諮問することゝし、一齋へ草稿を示して意見を求めたのが九月三日、一斎の返書が九月十九日であり（『水戸学』第三号所収史料紹介）、東湖が会沢伯民に「今程御懸けニ罷成候ハ、何分宜しく御添削被仰上可被下候」と書き送つたのは九月二十九日朝（写本『東湖先生書柬抄　一』）であることから推察される。

この「草稿文」と「伝写文」と現在の碑文との三者を見比べて見ると、如何に文章の推敲洗練に心を配つたかを窺ひ知ることが出来よう。

ところで、小泉氏は、この配（祀）字を不当として問題視したのは藤田北郭（諱貞正）であると記してゐる。すなはち《処がこゝで大問題が起つた。……「これではおかしいぞ」元執政藤田北郭が口火を切り、これによつて学者間において喧々囂々。》（『水戸史学』第四号）とあるが、その根拠は記されてゐない。しかし、北郭はそれほど名分にこだはる人物なのであらうか。また小泉氏は水戸藩の所謂党派の争ひに関連して此の問題を捉へてをられるやうであるが、はたして配（祀）への疑問は改革反対派の為にする議論であつたのであらうか。

この点を明らかにするには史料が不足であるが、前にも触れた藤田東湖の九月廿九日付会沢伯民宛の書簡(4)に次のやうな一節がある。

(前略)扨可笑事一ツ御座候　最初御議論申上候節　九五の御主意ハ　兎角天祖神武を御祀りの御主意ニ而、村松又ハ湊の柏原明神等ニ御氣有之ゆへ　非禮之段申上　兼々貴説ニ而承知仕居候通り　段々順々ニ天祖神武帝ニも通し候意味申上　是ハとふ〳〵十分ニ御呑込ニ罷成候　○孔丘と申ス字ハ決して御改不被遊御主意之處　さ候ハ、なせ孔子を御祭被遊候哉と申上候へハ　いや唐山ニ而ハ聖人故祭候也と御意　さ候ハ、御師匠さま也　師匠をよひずてニ致候なら　むしろ師匠を祭らぬ方可然申上候へハ　少々御呑込　仍而令義解ニ本づき　宣夫を用申候處　如何仕候もの歟　捨藏(佐藤一齋)ハやはり尼父か宜きと申候由　當人にハ不承候へ共　又傳ニ承候　扨一齋ハ右様の事大嫌ひ之處　九五(烈公を指す)より御懸ニ相成候へハ　悉ク媚を獻シ　御尤〳〵と申上候よし　可笑々々　楓北(小宮山楓軒・藤田北郭)の徒ニ御懸ニ相成候へハ　決て宜きとハ不申候處　一齋へ御懸故　先ハ右之通り也　一齋宜きと申上候上ハ　楓北も一言も無之　此等ハ頗愉快ニ御座候(後略・傍線筆者)

前半からは孔子の表記についての烈公のこだはりが分り、後半は藤田北郭の人物についての所見が見られる。これらから見れば、小泉説は遽には信じ難く、また仮令さうであつたとしても、北郭の指摘を待つまでもなく武御雷の神と孔子との関係性は当初から議論の内であつたと考へて良く、どちらも尊崇さるべき存在ではあるが、孔子がいかに聖人とはいへ異邦の人でありその教へは我が国人が主体的に学び取るべきものであるといふこと、則ち華夷内外の弁を明確に表現したいといふ苦心がその背景であり、孔丘にこだはつたり、宣父や尼公といふ表現を考へさせたりしたものであらう。その思ひが祀や配では落ち着かないので苦慮してゐたからこそ、遂に夢に「營」字を得ることができたのではないだらうか。公の書簡からはその興奮がそのまま伝はつて来るやうに思はれる。「廟」でも丁寧すぎるかともいひ、その最後ではまた「丘」に拘はつてゐることもほほ笑ましく、小泉説を疑ふ一つの証左ともならう。このやうに、先賢と仰ぐべき人物であつても内外の弁別を明確にして学ぶべき内容の取捨に留意させることは当時一般的な風潮ではなかつたにせよ、既に烈公より百年前に著述された浅見絅齋の『靖獻遺言』にも明瞭に示されて居り、決して目新しいとか独善とかいふことではない(5)。

以上公の書簡によつて、「弘道館記」は烈公苦心の文章であり(6)、その一字一句に意を用ゐ読み解かなければならないことを改めて確認し得た。と同時に更に指摘して置きたいことは、「營」字に託された意味は華夷内外の名分を明らかにすることであつて、これこそは所謂水戸学の代名詞のやうに云はれる「尊王攘夷」の精神だといふことである。幕末の攘夷運動に見られる排外的敵対的な武断主義だけが攘夷ではない。要は主体を、己れ則ち「大和の道」に置くことに他ならない。

なほ、余談を附け加へる。

碑文を刻してある寒水石が県北の真弓山から切り出されたことは『水戸藩史料　別記下』二百八十四頁に書かれてゐるが、その説明文に「此の館記の碑石は……其の巨大なるを以て採掘運輸頗る困難を極めたりといふ其の発掘に際し公は掛員岡田佐次衛門に歌扇を与へたるもの左の如し」として烈公の「武士の道弘めんと引石をまゆみのかみのいかでとがめむ」といふ和歌を引き、その後に「岡田佐次衛門記事」を載せてゐる。この説明を卒然と読むときは、烈公が歌を与へたのは碑石を採掘した時則ち天保九年のことと読み取れる。しかしこの歌は、碑石の採掘の時ではなく、天保十一年四月、改めて碑の台石を切り出した折のものと考へる方が良い。蔭山秋穂氏の『水戸烈公詩歌文集』にもこの時の和歌（同じものではない）が採蒐されてゐるが、その詞書には、「同じ年四月廿八日弘道館御取立地所被爲入御碑臺石御出來之儀云々」とある。さうすれば、「岡田佐次衛門記事」の「右は天保十一年子四月云々」と矛盾しない。つまり神の祟りと考へられた不祥事があつたのは最初に碑石を切り出した後であつて、さてこそ石工達の抵抗があつたのである。この点は名越漠然氏の『水戸弘道館大觀』も『水戸藩史料』の説明に引きづられてをり、多くの人が誤解してゐるやうであるので、念のために補説してをく。

註

（1）　東京大学図書館蔵写本「東湖先生書柬抄　一」

（2）学令第十一（釈奠條）

凡大學國學。毎年春秋ノ二仲ノ月ノ上丁。釋二奠セヨ於先聖《シャウ》孔宣父一（……宣父是孔子諡也……）……

（3）小泉芳敏編『弘道館資料輯』（再刊）四〇頁〜四一頁所收「館記碑と至善堂扁額」

（4）註（1）に同じ。

（5）藤田東湖の「寺門政次郎に与へる書」（嘉永五年）に、「近世儒者動もすれば唐人の事は丁寧に申し、司馬温公、朱文公、韓魏公抔唱へ、扨新田義貞が云々、楠正成が云々と申候類、不相濟、右様の人をば僕毎に和唐人と唱へ申候」と述べてゐるのも同じ精神である。

（6）館記の文章が東湖や他の学者の参画があつたとはいへ、烈公の見識によつて決定されたことは『水戸藩史料』でも理解されるが、東湖は『弘道館記述義』の中で、

「我公夙潛心於古典、其於道之原本、默識意會、乃一筆斷之曰、天地大經而生民不可須臾者、嗚呼亦至矣」

と述べてゐる。

（平成二十二年七月二十六日稿「水戸史学」七十三号）

第九章　烈公の魅力——家臣への手紙から——

只今宮司さんからお話しがありましたやうに、今年は「烈公の魅力」といふ総題を掲げまして、それぞれ異なつた方面から烈公さんの魅力を探らうと考へました。歴史上の人物としての烈公といふ御方はどのやうな御方であつたのか。その人物像を具体的に考へて見たいといふことが今年の講座の主旨であります。

実は今日はお盆の中日といふことをうつかりしてをりました。この講座は原則として第三日曜日に行ふ事になつてゐるので、つい無意識に予定してしまいましたが、今日は烈公が亡くなられた命日でもあります。万延元（一八六〇）年八月十五日、数へで六十一歳。もつとも旧暦でありますから、今の暦に直しますと今年は来月の二十二日になります。

烈公といふ御方はどういふ方であつたか。水戸では神社にまでお祀りされてをりますのは、藩が無くなつて後もなほ公に感謝し公を慕ふ人が多かつたからでありませう。私は昭和二十一年三月に水戸へ参りましたもので、いはば他所者でありますので、戦前の水戸の方々の日常に就いては何も存じませんが、旧藩の風儀を伝へ残してゐた方々も多かつたのではないかと想像してをります。

それはともかく、烈公といふお方は当時に於いてはなかなかユニークな存在でありました。強い個性を発揮した方ですから、周囲からは批判も多かつた。よく引用される戸川残花の『幕末小史』には、「烈公は非凡な人物ではあつたけれども、有徳にして春風の温然とした君ではなくて、むしろ秋霜烈日の国君である」といふ評価が述べられてをるさうです。確かに当時に於て大名といふものは国政の表面には出ない、家老・宿老達に任せて自分は文雅に遊ぶ、リーダーシップなどといふものを発揮することはかへつて望まれてゐなかつた、といふ傾向にありましたから、烈公の三面六臂の活躍はまさに異常であり驚異であつたことでありませう。夫れ故に注目され、時代のリーダーとも目され、あるひは非難の対象ともなつたのでありませう。

ところで、水戸の人の中にも、烈公といふくらゐだから気象の激しい人だつたのだらう、と勝手に思ひ込んでゐる人も多いやうですが、この烈といふ文字は諡《おくりな》として撰ばれた文字であつて、激しいといふ意味ではありません。諡といふのは、支那の古い制度で、高位の地位にあつて亡くなられた方に、その生前の生涯・業績を要約した文字を贈るものであつて、それぞれの文字には特定の意味が与へられてゐる、その中から撰ばれるものなのです、例へば烈公の兄である哀公の哀は、可哀さうな人ではなく短命であつた人といふ意味で、これは哀公が遺言したものですが、義公の夫人の諡である哀文も、短命であるが学問を好んだ人、といふ意味なのです。では一体、諡の烈とはどういふ意味であるか。このことに就いては私は色々な所で話をして居りますので、この中にはもう耳に胼胝ができたといふ方もあらうかと思ひますが、水戸の人の多くがこのことを承知するまで繰り返しますので御勘弁下さい。

お頒ちした資料の冒頭に、「有レ功安レ民曰レ烈、秉レ徳遵レ業曰レ烈」（功アリテ民ヲ安ンズルヲ烈トイフ。徳ヲ秉《と》リテ業ニ遵《したが》フヲ烈トイフ）とあるのが諡としての烈の意味です。つまり、大いに功績をあげて民の生活を安定させた方、又は、人徳がすぐれてをり、自分の職責を忠実に果した方、といふ意味であります。「秉」は手にしつかりと保持する意、「遵」はしたがひ守る意です。続けて『烈公行実』の一部（後引）を援《ひ》いて置きましたが、その文章は同じ意味の事を述べてをります。大意を採れば、「烈公は神のやうなすぐれた徳を持つてをられたが、人であるので「神」の字を諡とすることは出来ない。その生涯を考へるに、早くから幕府・朝廷に忠誠の心を抱き忘れず、また、深く外国からの侵略を憂ひ、これに備へて武威を整へ、すぐれた功績を挙げられた。また、国防の充実を始めさまざまな施策によつて委微沈滞していた風俗は一変し面目を改めた。これによつて後の人は公を慕ひ仰ぎ見るのである。よつて烈の諡が相応しいと考へられる。」といふことになりませう。

さて、その生涯事蹟は多方面にわたり、其の精神の導くところは明治維新に繋がるのでありますが、なかでも一言ご注意を促したいのは、折しも海防参与であつた安政元（一八五四）年八月、日本国総船印を日章旗と定めたことであります。普通では御三家といへども政府（幕府）の決定に参画することは出来ない制度でありましたが、この時には参与といふ立場で幕議に口出しできる立場にあつた。

これは我国にとつてまことに好運でありました。世間では、わが国旗でありますＨ章旗の制定に島津斉彬公が貢献したといふことをいふ人がをります。確かに斉彬公は、大船建造の禁が解かれた時の届け出書の中で、日の丸を船印に、と言つてゐます。しかし、当時の幕府の閣僚・役人は、日の丸は将軍家の船印であるから源氏の印でもあるナカグロにしようといふ意見が圧倒的多数でありました。これに再三異を唱へ、遂に日章旗を船印と定めさせたのは烈公であります。このことは『水戸藩史料』に詳しく出てをります。斉彬公が日の丸を望んだ事は確かですが、一外様の大名がことの序《ついで》に述べたくらゐの事では幕府の決定に影響を与へる事はあり得ないと思ひます。

脱線しましたが、本日の主題に入ります。

最初の手紙は鶴千代すなはち後の藩主慶篤公に宛てたものです。後の慶喜公宛て土屋寅直宛てと併せて家臣への手紙といふ題からは逸脱しましたが御勘弁ください（引用史料は読み易くする為に訓み下しにし、訓み仮名、送り仮名なども追加してある。以下同じ）。

①……我等抔は三ツ四ツの節より文公御供にて　毎朝々々面白くもこれ無く　寒きに　御庭の御供いたし　武公御代にも同様　毎寒中御鷹に相成り候へは　御灯燈にて入らせられ　夜も又御灯燈にて御歸りに相成り　手も足も皆ひゞにて血流れ申し候を　足あらひ候節にあかすりにてむしり取り候ひき　耳抔《など》は霜やけにて絶えず血のみ出候へき　鶴千代抔も寒く相成り候はゞ朝は七ツ頃より起き候て　水にて顔あらひ　入側の障子抔あけ　顔へ風のつん〱と當り候所

にて　大聲にて四書にてもよみ　少々空しらみかゝり候はゞ　直ちに鷹に出　縦《たと》ひ鷹合せ申さざる日たりとも一廻り庭を廻り　歸り候て食事にても致し　書物なり剣術なり致し候かよろしく候　こたつ抔へくゞり込み居り候様にては　迚も用に立ち候人には相成りがたく候……

我等といふのは烈公自身を指す。複数ではなく単数です。「御庭」は後楽園です。偕楽園ではありません。七つ刻といひますと寅の刻、冬ですから概ね今の午前四時ころになります。江戸時代は不定時法を用ゐてをりますから、夜明けが六つ、その二時間位前が七つです。三十五万石・御三家の若様が、あかぎれやシモヤケで血を流してゐるとは驚きでせう。「水にて洗ひ」といふのはお湯などは使ふなといふことです。「入側」は建物の外周から一間入つた柱筋を指す言葉ですから、要するに外に面した側のことです。この手紙に見られるきびしい自己修養は、将来衆の上に立ち、非常の場合は千軍を叱咤しなければならない大名としての修養を意味します。勇将の下に弱卒無し。少くとも水戸藩の代々は、現在世間の抱く殿様イメージとは違つてゐることがおわかりでせう。

次の②から⑨の八点は川瀬教徳《のりたか》宛てです。④を除く七点は慶應義塾大学図書館の所蔵で、巻子仕立で四巻になつているものから抜き出したものです。全文は翻刻して『水戸史学』六十七号から七十号に分割掲載してあります。

②　文政十二年十一月十三日

毎度廣才の様ニ存じ候間　何そ存じ付きこれ有り候ハ、　内々愚昧のたすけに相成るべき事承

り度く存候　民百姓の情ハ何程心を付け候ても上迄ハとゝき兼ね候事多く候へハ　存分ニ申し候様　其内ニハ用ひに相成るべき事もこれ有るべく候　理ハ尤ニ候ても時の風ニて用ひ兼ね候事もこれ有り候へとも　夫れハ其のまゝニて宜しく候へハ　人々の存所さへ申候へハ　外ニ頼ミハこれ無く候

③　文政十三年寅四月二十八日

是迄郷中大亂ニ付　改革の爲　其方再勤申し付け候所　餘り潔白ニ致し候ハ、怪我人多く出來申すべく候へハ　頭立ち候者ハ勿論相糺《ただ》し申すべく候へとも　其外百姓共ハ是迄の舊弊染み居り候へハ　豪傑の存じ付ヲ以て火急ニ行ひ申さず　寛々と致し　兎角百姓ニ怪我人出來申さざる様致すべく候　依て右の段申し聞け候事　四月廿八日

この日付（③の日付もさうですが）は実は原史料に付箋として貼付けてあるもので、おそらくは『水戸藩史料』の編纂の際に付けられたものと思はれますが、②の文政十二年は十三年の過りであらうと思ひます。烈公が藩主となりますのは、文政十二年十月十七日でありますが、川瀬や藤田東湖が郡奉行に任じられるのは文政十三年四月のこと（「水戸藩史料」別記上）ですから。文政十三年は十二月に改元して天保元年となります。

この二通は川瀬が郡奉行の時代のもので、②では、改革政治への川瀬の率直な助言とともに民間の世情を「存分に」伝へてくれるやうに、「人々」ここでは一般農民でせうが、その「存所」、つまりは

本音を知りたいのだ、と言つてをり、③では川瀬の豪快な人柄が、時に正義に逸つて苛酷に過ぎないやうに、あわてずさわがず、じつくりと改革を心掛け、一般農民に「怪我人」、つまりなんらかの責めを負つて処罰されるやうな者を出さぬやうにして欲しいと述べてゐます。人を撰び人を知つての任用であり、また公の民政に対する根本姿勢が示されてをります。

川瀬教徳といふ方は、藤田幽谷の門人で、なかなかの豪傑であつたやうです。「幽谷先生の門人の中で自分ほど無学の者は居るまい」とうそぶいてゐたと伝へていますが、所謂文字の学問、学者的な研究よりも実務実践に優れた人であり、中でも川瀬が郡奉行として実行した水神川浚渫事業は周辺の水害を防いで功績を挙げ、土浦藩の学者であつた大久保要は感謝の手紙を送つてゐます。烈公はその才を認めて勘定奉行に抜擢しますが、惜しいかな病を得て天保九年五月に亡くなります。その抗直の性格の故に以前には藩庁から疎まれて職を解かれた事もありますが、文政十二年の南上組（敬三郎＝後の烈公＝擁立運動を行つた人々）の中心でもあり、幽谷門下の長老として重きを為した人であります。

④はおなじく川瀬宛て、水戸市立博物館に所蔵する一点です。

④（宛所不明　水戸市博蔵）

此の度友部川瀬両人ニて議論仕り候趣相聞こえ申し候處　指したる事ニハこれ有る間敷く、全く忠義を存じ候上の事とハ存じ候へとも　龍虎何レか疵出來候ても宜しからず候故　騒々敷《さうざうしく》これ無く世評なき様ニ相談致し　誰の方ニても道理宜しき方へまかセ候が大一（第）ニ候　川瀬事ハ

本より強き方ニ候へハ　隨分寛々と相談致すべく　世評これ無き様致すべく候事

文中友部は友部好正で、川瀬と同じく新しく郡奉行に任命された中の一人ですが、友部と川瀬と意見の対立があり双方譲らない様子を見て烈公が宥めたものと思はれます。別の手紙で烈公は、水戸の者は頑固で言ひだしたら聴かないのは困る、といふやうなことを述べてをりますが、大した事ではないのだから意地を張らずに「道理宜しき方」へまとめよ、カツカとせずに「寛々と」話合へ、いたづらに人の耳目に立つやうな事はするな、と戒めてをります。匆々たる頑固者同志が真剣に藩政に参画しつつある様相が察せられると共に、これらの人材を統御しつゝその才を発揮させるためには、烈公の心労もさまざまであつたこと丶思はれます。「大一」は「第一」または「大事」の書き誤りでせう。

⑤から⑧は川瀬が順姫（二条斉信公夫人・烈公には腹違ひの姉）附きの用人となつて京都に赴任して居た時のものです。これは、詳しい事は省きますが、川瀬が改革を疎外する勢力の筆頭である岡部以徳を弾劾して止まず、ついに喧嘩両成敗のやうな形で、岡部を隠居させ川瀬を左遷したのであります（本書所収「君臣水魚」参照）。

⑤は凶作を予測した烈公が、おりから在京の川瀬に西国の米を大量に買付けさせた時の数通の中の一点で、これを水戸まで運搬する船についての指示であります。

⑤　天保七年十二月二日

十一月十八日出しの狀十二月朔日夕着候由ニて　戶田より封のまゝ同日暮ニ受取り　早速披見

せしめ候　先々《まずまず》米船共手ニ入り候段雀躍致し候　扱又船送□《(書カ)》付け迄指出し委細承知致し候　扱〳〵存じ候より賤者《ヤスキ》ニこれ有り候　夫れと申すも畢竟川瀬の扱ひと毎度感心せしめ候　扱㊌印も出來上り候よし一段の事ニ候　しかし篤敬丸の二字　惠の字ニも候ハヽ、まだも然るべき哉　敬ニてハ如何と存候へハ　左之通りニ改め申すべく候　しかし間ニ合ひ候義　何とも安心致さず候へ共　間ニさへ合ひ候ハヽ、必らず左の如く改め申すべく候　論語二之巻十七丁ニ「子貢曰ク如《も》シ民ニ博《ヒロ》ク施《ホドコ》シテ能ク衆ヲ濟《スク》ふコト有ラバ如何、仁ト謂フベキカ。子曰ク何ゾ仁ヲシモ事トセン、必ズヤ聖カ。堯舜スラ其レ猶コレヲ病メリ。」　右樣これ有り候へハ　博施《ハクシ》丸・能濟《ノウセイ》丸と銘じ申し度く　濟ハわたるとも讀み申し候へハ船ニは別してよき名と存ぜられ候

一　手元五千兩内船の代ともだけハ右手元買上船へ積入　殘らず湊《水戸》へ廻し候義と存じ候　右銘の義申遣し度く　六日切ニて又々申遣し候故よろしく扱ひ申すべく候　十二月二日認　川瀬

七郎衛門へ

二白　右船出來候へは國產等も追々大坂京抔へも積セ申し度く候處　右國產捌方抔も川瀬其地ニ居り候内　何とかかけ合ぶりもこれ有るべき哉　定めて船の工夫申遣し候上ハ　我等の心中は推察の事にて聞き繕ひ置候義とは存じ候へ共　序《つい》で故此だんも申し聞け候

一　右船ハいつ頃大坂出帆ニて　いつ頃ハ水戸湊へ入り候物ニこれ有るべき哉　是亦序でニ承り申し候　一　船ハ新敷《あたらしき》よりハ三四年も用立て候品の方　釘さひ候てよろしきよし兼て承り置

き申し候處　此度高張ニて夜迄かゝり手入れ候義　川瀬の致し候事故如才ハこれ無き事とハ存
候へとも　若し若し手抜き等これ有り　危キ事のこれ無き様致し度き事ニ候
別　博施丸　萬々一施《シ》と申義を死《シ》と聞え　乗て迷惑ニも存じ候様ならは　凌《リヨウ》風丸蓬《ホウ》萊《ライ》丸抔と却
つて譯なく付け候方と存じ候

千石船二隻を買へ、値段は一隻一千両位か、もし出来れば中古を探せば半値で買へるであらう、といふ指示を送つたのは十一月九日でありました。川瀬は一ヵ月足らずで中古船を見つけ、昼夜兼行で（「高張」は提灯です）修理に当らせた事が読み取れます。烈公は喜んで船の名前をあれこれと考へ、また、この購入した船をこの後の交易に利用しよう、そのためには「国産捌方」、つまり依託先や販路などの開拓を工夫するやうにと述べてゐます。文中「論語二之巻」とありますが、これは烈公の記憶違ひのやうで、現在の刊行本では巻三雍也第六にある文章です。

「手元五千両」とあります手元とは、所謂お手元金、つまり幕府からの助成金で烈公のいはばポケットマネーにあたります。この時川瀬が買入れたのは籾か米かは判りませんが、総石数五千八百七十一石一斗四升余、代金壱万八千拾壱両であつたと、『水戸藩史料』は伝へてゐます。「乗て」は乗手です。

次の⑥も川瀬在京中のものと思はれます。

⑥　天保八年春中（前部分缺カ）（「史料」五七三頁）
經界改め同心土着等の數ケ條　家督以來の宿願故　度々起し候處　此度《このたび》ハ模様宜敷《よろしく》見え　雀躍

の至也　何事も長く押し張り申さず候てハ出來申さざる事と見え申し候　孔子も倦ム勿レとか申し候へキ　こまずハいつかは思ふ處へ落し込べし　扨此の哥ハ風《ふ》と昨晩心ニ浮ミ候故認《したた》め遣し申候　哥の心ハ枝や葉の小キ處ハ時の風《フウ》ニて右へも左へも靡キ動き候へ共　ミさをの處ハいつもかはらず立置くと申す義ニて　則ち此の度又々經界等の義申し出し申し候事也川瀬七郎衛門

（『水戸藩史料』ニハコノ後ニ

述懐

枝も葉も風のまに〳〵動けとも操をかへす立る松かな

トアリ）

「史料」とありますのは、『水戸藩史料』の五七三頁に引用してある、といふ意味です。

経界改めといふのは全領検地のことであります。「こまずハ」といふ「こむ」は、とじこめる、包み隠すといふ意味ですから、ここでは諦めなければといふ意味でせう。殿様といへども専制君主ではありません。「家督以来の宿願」とありますが、これまでにも何度か検地を持ちかけてゐます。川瀬は最も強く検地の実施を主張してゐますが、政府の重職に在る面々はなかなか賛成しません。しかし、前年の飢饉を克服して民衆の信頼が確実なものとなつたこの期を捉へて検地を断行しようとしたのです。藤田東湖・吉成信貞なども積極的に動き、この歳九月、川瀬が京都から復帰します。しかし、小宮山昌秀などは反対しますが、烈公は説得を続けて漸く反対論も沈静化し、周到な準備を整へて、天保十（一八三九）年、烈公の就国を待つて実行に移されます。七月二十日、烈公はこの日野口（御前山村）から馬で馳せ参じ、親臨のもと、成沢村（現在の水戸市成沢町）で縄入れが行はれ、三年かけて十三年十一月二十四日、全領検地が完成します。ちなみに天保十三年九月、成沢村の住民から、検地始めの地である事を記念して新しい村名を下賜されたいとの願ひ出がありましたが、検地はまたとない大事業であるのでその成功を願つて成沢といふ地名を選んだのであるから、その意味を忘れないやうにと諭してをります。これを見ても烈公の想ひが伝はつて来ます。

同心土着とは、専ら外国の侵略に備へて海岸線に兵員を配置することで、多賀郡大沼村・友部村に先づ先手同心組の一部を土着せしめ、ついで山野辺義観を海防総司に任じて助川（現在の日立市）に城館を築かせここに居住させるなどが実施されました。

「雀躍」は雀がチョンチョン跳ねるやうにこをどりして喜ぶ様子をいひます。「家督以来の宿願」は検地だけではありません。烈公は藩主になつたとき三十歳ですが、襲封と同時に施政方針の根本が立つてゐた事、その方針を実行に移す努力が所謂天保の改革の中身であることを想ふと、三十歳迄の学問がどのやうなものであつたかを窺ふことができます。現在のいはゆる政治家のなんと不勉強且つ無責任なことでせうか。

次の二通は民生に対する烈公の絶えざる配慮を見る事ができる史料として挙げました。「御在京中」とあるのは川瀬が在京中といふことで、後世に川瀬家で付けた付箋ですので「御」がついてゐます。

⑦　御在京中　八月十一日

舊冬より心を付け見候に　常ハ東風ニて雨降り候處　左様にこれ無く　西風ニてのミ雨ふり今以て日々西風吹き　時氣も調《ととの》はず　冷雨ニて恐れ申し候　何方も同様ニこれ有るべく　米穀も日増しニ踊貴し　此先如何相成るべき哉と日夜心痛のミ　外ニ良策もこれ無く候　非常の考も候ハヽ教示相待ち候　扨是ハ物好きの様ニ候へとも　先年近江かぶ（蕪）・天王寺かぶの種

水戸へ蒔かせ見申候處　至極よろしく出來候故　又々蒔かせ見申し度く存じ候故　二三合ツヽも種登せ候やう致し度く候　又此の節人蔘・直根人蔘　是も水戸ニこれ無く候故蒔かせ見申し度く候故　少々ツヽも種登せ申すべく候　尤も是ハ春蒔き候義と存じ候へハ只今直ちニ登せ候ニ及ばず　かぶハ此節蒔き候品故　直ちニ登せ候やう致し度く候　扨又かぶも人蔘も其地ニてハ如何様の土地ニて　作り方如何様ニ致し候哉も分り候義ニ候ハヽ承り　土は少々見本ニ登せ申すべく候　前後ながら先便ニハ後記之義申し聞け大悦ニ存じ候　早く一覧致す事　日夜樂しミ相ひ待ち候也

八月十一日

二白　川瀬も障りこれ無きよし雀躍いたし候　不順の氣候不（充カ）分用心致すべく候也

⑧　御在京中　京産物等注意ノ件

今年の義ハ　快晴の日ハ稀ニこれ在リ候故　來年ハ必ス旱損と見極め申し候故　郡官へも時々

水器の下知致し候　我等も彼是相考へ　雛形等郡官へ遣し申し候故　旱損の憂は先ツこれ無き心得　相成るべくハ旱損位いニ致し度き內存也　川瀬より當春か見せ候水器も面白く候へ共細工少々六ケ敷　追々考ニて出來候ニハ劣り候様ニも存じ候　猶此上ニも我等考へ候故　川瀬も相考へ　亦巧者の人も候ハ、承り申すべく候　川瀬儀も長く其地ニ居り候義ハ如何歟と暗(カ)ニ見候へハ　京地邊の義　又々見候義も相成らず候へハ　登り候事こそ幸　能々見申すべく候又水府抔ニてハ心付かざる義抔これ有るべき哉と存じ候　水府ニてハ馬のミ用ゐ候處　ふミ草ニハ牛も然るべく　又田抔かへし候も牛の方然るべき哉　上方邊ハ多く牛つかひ候様繪抔ニ見え申し候處　便不便の義　馬とハ如何か　何レ便利故牛を用ゐ候事と存じ候　水府も南ニてハ牛用ひ候へ共田ニハつかひ申さざる様存じ候

一　燒物其外何ニ寄らず心を付申すべく候　又農事巧者の者も候ハ、著し候書又ハ聞書等ニいたし置申すべく候　九月廿七日

どちらも天保六年頃の書簡と思はれます。⑦は天候不順で不作を心配してゐる事を述べたあとに、水戸にない関西の農作物を水戸でも栽培させようといふことです。実験的に種を取り寄せて試作させてゐる。同時に作り方を調査させ、土壌の見本まで取り寄せてゐます。蕪の蒔き時人参の蒔き時などまで知つてゐることは驚きですね。他の、例へば陶磁器の生産にしてもさうですが、徹底的な調査と実験は烈公の特色です。⑧も心を付けて観察を怠らぬやう命じると共に牛耕と馬耕についての調査を

命じてをりますが、殿様がこのやうに鋭い観察力と強い実践意欲とを持ち、しかも細かく的確な指示を与へるやうでは下の者達は安閑としては居られない、その期待に応へるには非常の気働き、努力を要したことでせう。そのことは改革派にとつては嬉しいことであつたでせうが、旧態依然とした保守派にはなんとも息苦しいことであつたのかもしれません。烈公といふ殿様のこのやうな個性が、良きにつけ悪しきにつけ、この後の水戸藩の歴史に大きな影響を残したことはたしかでありませう。滅多に無い殿様です。このやうな上司は、現在でも毀誉褒貶相半ばするのではないでせうか。

なほ、⑦の「踊貴」は、値段がどんどん跳ね上がつて高くなつてゐること。「後記」は『日本後記』のことで、よい写本が京都で手にはいつたのを喜んだものです。また、⑧の「水器」は田畑の揚水機のことで、烈公の発明した物は雲霓機《うんげい》と名付けられ、天保六年に郡奉行に雛型を渡してゐます。このやうな発明工夫も烈公の得意とする所で、安神車（戦車？）は現存してゐますが、連発銃や刀剣・大砲のやうな兵器の他にも陶芸、琵琶や琴の製作、中には哺乳壜やビスケットなどもありますが、これらについては次回の安見先生の講座に譲ります。

天保八年、烈公は川瀬を江戸に呼び戻して勘定奉行とし、藩財政の根本的な改革を予定しますが、川瀬が舌疽といふ口中に悪性の腫瘍が出来る病に罹つてしまいます。烈公はしばしば慰問し、医師の手配や薬の処方に心を砕き書簡を送つてはあれこれと励ましたりしてをりますが、⑨はそのような中の一通です。

⑨　天保九年戌正月十日

又申し候　是ハ餘り愚案ニ候へ共　口ヲきゝ申さず只居り候事故　別して口中むれ候て宜しからずと存じ候故　親康へ承り候て　苦しからざるよし申候は丶我等日々用ひ候含藥をいたし候てハ如何これ有るべき哉　又外ニねつさまし候よき藥もこれ有るべき哉　我等ハやはり常ニ用ひ候含藥を度々いたし　ふせり候節又夜中ニても目さめ候節ハ含藥いたし候て　跡へ右水扎鳥の黑やき付け候ハ丶然るべしと存じ候處　猶又親康へも承り申すべく　含藥苦しからざるよしニ候ハ丶　我等の藥遣し申すべく候　山田溪翁舌疽相煩ひ候節　水扎鳥相用ひ候處　妙藥のよし右同人申し聞け候故　過日黑燒遣し候處　若々外ニも加味の品これ有るべき哉と傳左衛門へ承り申し候處　別紙の如くさらニ相分らず候　親康藥ハ始終相用ひ候よし申候へ共　右様の分らざる事故　我等存じ候てハ　手を盡し候後據んどころなく水扎鳥ニ及候事と存ぜられ候　親康藥付候中ハ右黑燒ハ用候事ニハこれ有る間敷と存ぜられ候　扨又付候哉　又呑候哉と申承り候へハ　是れ又相忘レ候よし申し聞け候へ共　却て外人ニても溪翁の直咄承り候方あてニ相成り申すべくと存ぜられ候

一　溪翁舌疽の義ハ舌の裏へ出來候よし　山田七郎へも承り申候處〇是位ニ崩レ申し候よし隱居いたし候てより間もなく煩ひ候事故　六十餘歳の比のよし申し聞け候　疽直り候てより九十迄か生き候よし　玄之ニ承り候へハ　舌の裏へ出來候ハ宜しからず　川瀬のハ申さハ場末ニ

て中《ナカ》へかゝり申さず候へハ大ニよろしきよし申し聞け候　何レ少々の出來不出來ハこれ有る事と存じ候へとも　先日一覧いたし候位ニてハ命へかゝり候義ハ決してこれ有る間敷候へとも只々欲ニハ一日も早く全快ニて仕法組立て申し度と心せき申し候也

又申し候　溪翁の咄承り候者へは　親康の薬と取り交ぜ水扎鳥用ひ候哉否や　又用ひ候ハ、何と申す薬名の品用ひ候哉も念の爲何レ承り、答へ申し聞くべく候

「親康」は医師の名、「玄之」も医師ですがこれは次に手紙を読みます松延年のことです。「水扎鳥」といふのは辞書にも無く判りませんが、これは山田溪翁といふ人がこれで舌疽が直つたといふ話を聞込んで、水戸に手配して黒焼にしたものを贈つたのです。「欲ニハ一日も早く全快ニて仕法組立て」たいといふ言葉に川瀬に対する公の期待・信頼、改革への熱意を感じます。烈公は医学にも関心が深く、薬についても随分研究してゐる様子です。前に上司としての資質を云々しましたが、このやうに家臣（部下）の健康や家庭事情に対してもよく承知し気を配り、処方に就いて注意したり自分常用の薬を頒《わ》けあたえるなど、深い情愛を示してゐるのがまた烈公であります。⑬や⑮にも同じ心遣ひを窺ふことができます。

次の⑩から⑬は松延貞雄宛てのものから抜き出しました。松延宛ての書簡は、これも巻子仕立で二巻になつてをり、『水戸史学』五十七号と六十四号に翻刻してあります。

⑩　又曰く　先年より夷狄打拂ひの義ハ數十度建白したる處　果てハ去ル辰年の國難ニ相成り

扨今と相成り候てハ幕も目が覺メ　我等懸り迄に　仰せ付けられ候へ共　今と相成り候てハ打拂ひ候機會ニ後れ　夫れも相成らず　次第々々墨夷も魯夷も佛夷暎夷も代る〳〵來り　如何共致し方これ無く　日夜　皇國御爲心配啻ならず候　近頃ハ　京師より梵鐘を以て大小砲ニ致し候様　仰せ遣はされ候義　有難き御事ニハ候へ共　出家共は我等手初め致し候事故　我等を又々敵に取り申すべく　其他林家（幕府の儒官）抔の類は我等　京師の御爲を存じ上げ候義を悪《にく》ミ居り候へハ　内外に敵を引うけ居り候姿故　心配も一通りならず　夫れ故少しハ身にも障り候はんか　早く海防の方御免ニ相成り國に下り諸所歩行　汐湯治も致し候ハヽ　又少しハ長命の助ニも相成べしと存候　何れも一讀後火中々々

烈公が海防の掛を依頼されたのは嘉永六年のことですから、六・七年のものかと思はれます。「幕」は幕府。墨夷はアメリカ、魯夷はロシア、暎夷はイギリスです。嘉永の初年ころの烈公の詠歌に「幾年かわが憂へこし危さを今は現に見る世とぞなる」といふのがありますが、たしかに海防の任に就いたものの、時期は既に遅く、その施策は必ずしも用ゐられず、嫉視反感の中でさすがの烈公も弱音を吐いてゐます。逆にいへば松延に対してはそれだけ信頼を寄せてゐたのでせう。

末尾の「火中」といふのは読み終つたなら火に投じて焼却せよといふことです。火中とあれば本来は残らない筈ですが、面白いことに沢山残つてゐます。

⑪　別紙牛乳之義は縁間へも上ケ度く　此地へ御登りの節も色々申し候へ共上り申さず候處　取

たて（を）直ちニ上り候へハ　くさくもこれ無く　又青草抔たべ候へハ乳も青くさく候へ共
莇豆抔用ひ候ハ臭くもこれ無く候へハ　先ツ小猪口ニ一ツ、、も上り　上りなれ候上ハ一合位
ツ、も上り候ハ、　是より御薬の品ハこれ有る間敷き故　縁間へ出候節　御す、め申上候がよ
ろしく候　此方に於いても花の井幸願院其外用ゐ候人何レも通じもよろしく　牛乳用ゐ候へハ
總てよろしくと申候　知れたる事ニハ候へ共　是亦申し聞け候　我等ハ日々二合位ツ、用ゐ申
し候　大便も日ニ三四度位ツ、參り候故　食事もいつもいつもす、ミ候て　何よりの薬ニ候
十八才より初め今に絶へず用ゐ申し候　黒豆も先年ハ百粒ツ、用ひ申し候へ共　今ハ五十粒
ツ、用ひ申し候　縁之間へも牛乳は上ケ度き事ニ候故　是亦申し聞け候

烈公は、いろいろな人に牛乳を奨めてをりますが、松延は侍医ですから、御殿の人々の所にも出入りします。「縁間」（他の書簡では「縁の間」とも出て来ます）が誰を指すのか、はつきりとは判りませんが、あるいは烈公の御母堂（英想院）のことではないかと考へてゐます。「花の井」は奥の侍女、幸願院も人名。面白いですね。牛乳と黒豆は烈公の推奨健康食なんです。

⑫　別紙　松年石曲直抔　覆祿以來ハ返て已前よりも療家もふえ候はんと存ぜられ候處　如何ニ
これ有り候哉内々聞き申し候　何分手輕に遠鄉迄も廣く療家これ有り候やう致したく候　土田
抔ハ馬ニて行き候歟のよし今以て同斷ニ候哉　松年抔ハ馬を置候ハ出來兼候哉　馬ニ候へハ手
輕ニ遠鄉迄も早く行き救ひ遣はし候事も相ひ成り　又非常の節も馬ニ乘れ候へハ何かニ都合よ

ろしき事ニ候へハ　醫師ハ乗馬の心得ハ有りたき事ニ候　何《いづれ》も序で故申し聞け候

「石曲直」が誰を指すか、未だよく調べてをりませんが、医師仲間、土田も同じです。「覆禄」は弘化元年に同じく処罰されたのですが、嘉永五年十二月本禄百五十石に復したことをいひます。「已前」は以前と同じです。

⑬（前略）一　松年事ハ重くれ申さざるよしニて　鄕中抔ニても別して沙汰よろしく《(ママ)》よしニて大悦致し候　何分此上共かけ廻り候て療治いたし　人氣を取失ひ申さざるやう致すべく候　玄茂抔名醫共存ぜず候へ共　如才なく鄕中より來り候人の扱よろしく致し候故　かかり手も多きよしニ候へハ　何分妻とも申し合はせ候て　鄕中より人來り候とも　夏ニも候ハ、砂糖水の一盃も遣し　遠路より來候ハ一宿もいたさせ候やう恵をかけ候がよろしく候（後略）

⑫⑬とも、家業に対する心配りですが、松延が烈公の身近に在つた所為でもありませうが、これらの書簡は烈公の一つの性格を現はしてをります。特別な個人に対するばかりでなく、さまざまな指令にも（例へば前の川瀬宛にも）具体的で細かい指示が見られます。

⑭（武田耕雲斎宛書簡・追而書部分　県立歴史館蔵）

二白　異國艦之模様も兎角容易ならず　日夜心配いたし候　何分ニも武事引立て　萬々一の節公邊御羽翼ニ相成候様　精々指揮致すべく候　扨ハセがれ宗藏ニ聞き候へハ　元簾中中臈勤め候耕雲之妻も出生これ有り　男女共丈夫之よし　一段の事ニ候　妻ときへも序ニよろしく申し

聞くべく候　娘ハ八才ニ相成るよし　此手まり有り合ひニ任セ　菓子一同遣し申し候故　子等へあたへ申すべく候　扨又學校懸りの人の娘　通俗之まりうたもうたひ申す間敷《まじく》と　筆之序《ついで》ニ左ニ認め申し候　公私内外多用の中　出任《でまか》せハ勿論なり　直し申すべく候

一ツとや　人の國より我國を〳〵治めん事そ初なる〳〵
二ツとや　文よむとても武夫の〳〵心しな〳〵ハ何かせん〳〵
三ツとや　湊を初め備して〳〵城の内まて守らなん〳〵
四ツとや　世ニ住む民ハ日本の〳〵深き恵を仰ぎ知れ〳〵
五ツとや　いつもかハらず我國ハ〳〵よそより起る君ハなし〳〵
六ツとや　むぐらの宿ニ住むとても〳〵心ニかはる事ハなし〳〵
七ツとや　何ハ置きても我が君と〳〵父と母とをうやまはん〳〵
八ツとや　八ツに我身ハさかる共〳〵赤き心を世ニ残せ〳〵
九ツとや　心動かぬ物ならハ〳〵是よりつよき備なし〳〵
十とや　豊芦原の中ツ國〳〵波ハ立たセじ春の風〳〵

付たり

一二三四五六七八ハ　倭《やまと》こゝろを種となしツヽ　春の初ハけがれ濁りを　退るならひで　異端邪説の國賊あたまニ似たるまり故　たゝき放さん一二三四五六七八九十と　つよくたゝけハは

ねかえる

大笑〳〵　　呵々〳〵　　火中

この書簡の本文は年賀状です。二白は再啓といふこと。白は申す。独白といひ科白《せりふ》といふ白です。武田耕雲斎が学校奉行（弘道館懸り）となり武事を担当するのは安政元年ですから、これは安政二年正月のものと思はれます。耕雲斎の娘に手鞠を贈るついでと称して、自作の手鞠歌を贈つたものです。烈公の理念とする所を全て含んでゐると言つてよいかと思ひます。文意は明白ですが、「異端邪説の国賊あたま」は僧侶を指します。時に応じ人に応じ、臨機応変、自在な主君振りを見ることができませう。人を動かすことの上手な方ですね。「呵々」はカラカラと笑ふことです。

余談ながら、昔荷見守文先生からであつたか、「藩政時代、水戸では小倉山百人一首は軟弱であるとして子弟にこれを禁じた」といふ主旨の話を窺つて驚いたことを思ひ出します。

⑮（慶喜公宛て書翰　大庭邦彦著『父より慶喜殿へ』（集英社））

小春暖和之候　愈御壮健欣慰せしめ候　昨日ハ久々ニて參殿　種々御饗應　兩夫人よりも拜受
物これ有り　感佩啻《ただ》ならず候　御序《ついで》宜しく御申し上げ頼み入り存じ候　扨は其節　紺絲縅《おどし》甲
冑約束致し候處　歸路轎《かご》中ニて考へ候ニ　此の紅梅縅ハ在國中　野外調練にも度々相用ひ
既に其許《そこもと》御同道にて出候節も用候品ニこれ有り　且又打絲幷縅迄も簾中初め側向の女共にて出
來候故　見苦敷ハ候へ共　極めて胴ニも合ひ申すべく存じ候間　是にてよろしく存ぜられ候

ハ、直ニ御譲り申すべく候　萬々一之事も候ハ、甲斐〳〵しく着用致され　いさましく御出陣
神君御始メ幷びに御養家累代の御厚恩に御報ひ成され候ハ、　武運長久之基と千萬至祝致し
候　登城前　昨日の御挨拶かたかた草々申し進め候也
（嘉永六年）十月初六　水隠士　一橋公
二白　此着服も本文同様度々相ひ用ひ候故　或ハ雨露ニ逢ひ　或ハ汗ニなり　甲冑同様見苦敷
失敬に候へ共　具し候品故其儘進送致し候　昨日世話ニ相成候人々表奥共よろしく御致聲
頼み入り存じ候也
又申す　此受張《うけはり》ハ全く簾中一人の作ニ候　然りながら手拭ニても髪へのセ申さず候へハ髪之毛
切れ候はんも計り難く候へハ　念の爲申し進め置き候

これは大庭邦彦氏によって世に出された一橋家伝世の書簡百二十五通の中の一通です。「両夫人」は一橋の第七代慶寿の夫人徳信院直子と慶喜夫人美賀子の両人のことです。余談ですが、歴史館で展示される「誠」の一字を揮毫した一幅は徳信院の希望によって慶喜が大坂（阪）から江戸へおくつたものであり、一橋家の雛祭として展示される人形の中のミニチュアの婚礼道具はこの徳信院の持ち物でありました。文中（ママ）とした「轜」は柩を乗せる車ですからここには相応はしくありません。轎の誤りかとも思ひますが、この書簡の部分の写真版が載つてゐないので、刊本のままにして置きます。

この『父より慶喜殿へ』といふ書物は、烈公の慶喜公に対するいはば帝王教育の実際を知る上できわめて貴重な書物であります。読むべき書物の指示や健康に就いての注意など、面白いものもありますが、甲冑を贈るに際して自分が追鳥狩に着用したいはば中古品を贈つてゐる、しかもそれはまだ少年の慶喜と共に出陣?した思ひ出の品であり、その修理は慶喜公の身近に接してゐた母や女房衆である。その思ひ入れ、愛情がほほゑましいと思ひます。これでみると、慶喜公と烈公は身長や体形がよく似てゐたやうですね。さらに、「受張」、これは兜を着用する時に直接頭に当らないやうに緩衝用につけるものですが、これが慶喜公の母君貞芳院の手作りであるといふのもなんとも嬉しいことです。

次はこれまでとは趣を異にします。

⑯（土屋寅直宛て書翰　茨城県立図書館蔵）

（前略）薩州家老の娘當時の御臺所ハ　本壽院等への御つき合ニ候哉　又御城中一統法華信心故ニ候はん　又自分信心故ニ候哉　甚しく法華信心の由　法華さへ信心致し候へは　たとへ墨夷を初め諸夷御城中に居り候ても氣遣ひこれ無しと申す譯ニて　一向に夷狄の事抔ニハかまゐ申さず　時々芝居躍り抔ニて奥向御にき〳〵しき由　其芝居躍り御臺所ニては金の有るニ任せ衣裳なと美々しく成され　足らざる時ハ薩より御用ニ相成り候て美々しく成され候へ共　……御腹の方と御臺の方ニて張合ひ申し　夫ニ付候ては雙方ニてひいき〳〵ニて役者への遣し物など夥しき由　然る所此の度躍《おどり》指南の者　御臺の方にて十五人召抱へられ候とのよし……拙老

抔見候てハ　徳川の天下ハ此姿ニてはとても六ケ敷と察せられ申し候　今ニ大名ハ御所の御警衛を名目として　公邊を背き申すべき哉も計り難く　然る所兵端を恐縮にてかく迄に成され候上ハ　とても大名を敵ニして戰争は成されかね候はん故　夷狄を頼みて大名を攻められ候やうの馬鹿〳〵敷事ニ相成るべく　大名殘らず　公邊をはなれ御所へ付き候ハ、　日門抔を云々して南北朝のふりニ相成候はんか　元より　公邊の方宜しからざるの故　三家初御家門御譜代とても　公邊へ弓をこそ引き申さず候とも　有志の人は御身方とハ相成り申す間敷左候時ハ御身方ハ姦人と夷狄計りニ相成るべく……此姿ニて押し行き候ハヾ徳川の天下は皆々亡び申すべく　徳川の天下を御失ひ遊ばされ候義ハ東照宮御初めへ對され候て御濟み遊ばされず候と申す迄ニて　夫さへ御かまゐなき御義ニ候ハヾ已む無く候へ共　其姿ニてハ　日本殘らず失はれ申すべく存じ候へハ　有志の外様《とざま》抔ハ今ニ背き申すべく　一度外様抔はなれ申し候上ニハ又御もどしハ御六ケ敷候はん……諸夷を集められ候上ニて又々打拂ひ給ハんとの事ニ相成り候へハ　諸夷皆御敵ニ相ひ成るべく　一小國の日本ニて四大州を御敵に成され候てハ決して御勝利はこれ有る間敷《まじく》　大名共ハ見かぎり候へハ御身方ハ致し申す間敷　日夜となく幕府の御爲存じ上げ候身にては大息とも何とも申すべき様これ無く候（下略）

長いので中略を重ねましたが、この書簡は昭和四十年に県立図書館が発行した『水戸義公（小城・鍋島侯あて）烈公（土浦・土屋侯あて）書簡集』に収録されてをります。

土屋寅直は土浦藩主。土浦は九代藩主が水戸武公の弟彦直つまり烈公には叔父に当る人で、十代目が寅直（烈公とは二十歳の開きあり）。天保十四年幕府の奏者番、嘉永元年寺社奉行、同三年九月一日大坂城代。烈公の子余七麻呂を養子に迎へてゐますがこれが十一代の挙直です。このやうに水戸とは縁戚関係にあります。

「当時の御台所」とは、大河ドラマで有名になつた篤姫です。これでみるとドラマとは随分違つた様子、所詮ドラマは稗官小説の類といふことでせうか。この部分はドラマに毒されないやうにといふ老婆心からとりあげました。

「公辺」は将軍家（幕府）、「御所」は皇居（天皇）。「日門」は日光門跡のことで、皇族から入られますから、足利高氏が持明院統の光明天皇を擁立したようなことになるといふことです。

文中、「墨夷を初め諸夷御城中に居り」とありますから、安政五年、井伊直弼が大老になる前の書簡かと思ひます。ハリスが江戸城で将軍に謁見したのは安政四年十二月のことです。

この書簡の内容は注意すべきで、篤姫はともかく、後年の政情を的確に予言してゐるのはさすがに大したものです。烈公は「神明霊威ノ徳アリ」といふ文を初めに紹介しましたが、よく物事を予見したさうです。文政十年の小石川屋敷の火災、天保九年の江戸城の火災も予見してをります。一種の勘働きの鋭い方でもあつたのでせうが、物事を私心を棄てゝ真つ直ぐに見て行けば、ある程度の見通しは出来るものなのでせう。幕府が倒れるのは東照宮に申し訳ない程度で済むが、日本国を滅ぼしてはならないと言つてゐますが、この思ひが昂じて晩年の過激な言動を生んだのでは無いでせうか。また、烈公は無謀な攘夷論者だといふ人もあるやうですが、「一小国の日本ニて四大州（つまり世界中）を御敵に成され候てハ決して御勝利はこれあるまじく」と述べてゐるやうに、諸外国の力が圧倒的であることは誰よりもよく承知してゐたのです。攘夷を唱へたのは、自分の国は自分で守る、といふ自主独立の気概を振り起こすことが目的であつて、やみくもに戦争をしようといふのではありません。

最後に『烈公行實』（原漢文）の総評の一部を読みます。

⑰公は風儀端莊（正しくおごそかなさま）、顧眄（ふりかえる）燁然《ようぜん》（照り輝く様子）、英敏天成、人を知りて善く任ず。經綸の務め、時として或は倦《う》むことなし。信賞必罰、令行はれ禁止む。故に積歳の宿弊、一朝丕《おおい》に變じ、國人駸駸乎《しんしん》（物事の進み具合ひが早いこと）として皆義方に嚮《むか》ふ矣。平居客を愛し、士を好み、談笑怡怡《いい》として、少長となく皆忻懽《きんかん》（心のそこから喜ぶ）を盡す。（中略）其の天下の大勢を料り、夷狄の大患を慮り、幕府に建白論說する所の者、皆數十年後に驗あらざるなし焉。公の明《めい》遠き矣哉《かな》。其の闔國の臣民を撫で、無涯の恩澤を敷き、惠鮮涵育（乏しきを恵み養ふ）、日夕懈《おこた》らず。故に大小悅服し、爭ひて心力を效《いた》す。其の薨ずるに及びては、皆慟哭《どうこく》氣を喪《うしな》ふ。或は憂傷して生を殞《いん》する李平・廖立《りょうりゅう》が如き者あり。公の仁至れる矣哉《かな》。其の天下の大難に當り、國家の大菑《さい》（禍ひ）を禦《ふせ》ぎ、剛斷果決、確然として動かず、實に中流の砥《し》柱たり。故に臣民英烈を欽慕し、節義を砥勵《しれい》し、奮發激昂、今に至りて衰へず。公の勇至れる

矣哉。

文中、李平・廖立は共に蜀漢に仕へ、諸葛孔明の為に貶されたが、孔明の死を聞いて憂死した人々。また、砥柱といふのは、黄河の中に在る山で、激流の中に在つて少しも動かないことから、乱世にあつてかたく節操をを守る者に譬える。これを要するに「明遠く、仁至り、勇至る」、云ひ替へれば智・仁・勇兼備の明君である、といふのが当時の家臣達の烈公評であります。

英明の資質は時代に抽んで、時代に先んじ、為に藩内の軋轢《あつれき》を生じましたが、その英気は天下の耳目を聳動し、時代の流を導いて一つの方向を与へるといふ大きな働きを為したことは、何人もこれを否定することはできないでせう。秋霜烈日といはば言へ、「國家の大菑《さい》を禦《ふせ》ぎ、剛斷果決、確然として動か」ざる姿に、確かに一個の英雄の姿を仰ぎ得ると思ひます。

（平成二十二年八月、水戸学講座）

第十章　烈公と『北島志』

『北島志』と申しますのは、烈公の命によつて、豊田天功が編纂・執筆したものでありまして、北島とは、今の北海道から千島、樺太・カムチャッカ等を含む、漠然とした日本の北方の島々を指します。当時北海道は、未だ内地といふよりは、未知の世界でありました。此の北方地域の歴史と産業や風俗に就いて詳細に記録した書物が『北島志』であります。何故かういふ書物が作られたのかといふことが今日の主題でありますが、『北島志』は嘉永六（一八五三）年の暮に編纂の命令が下つて、翌年八月に完成してをります。非常に短い時間の間に完成されてゐることも注目して良いところでありますが、この時期我国の情勢、特に取上げたのは所謂北方領土ですから、非常にロシアと関つて来ます。そこでいま試みに当時の外国との関係、嘉永六年と七年（安政元年）の主な出来事を年表風に並べてみますと、

嘉永六年（一八五三）

六月　三日　ペリー浦賀に来航

　　　九日　ペリー上陸、国書提出

十二日　ペリー退去
七月　三日　烈公、海防参与となる
十八日　ロシアのプチャーチン長崎へ来航、国書受理を要求
九月　一日　ロシア船員、樺太のクシュンコタンに上陸、砦を築く
十月　廿三日　プチャーチン一時長崎を退去
十二月　五日　プチャーチン艦隊、長崎に再来
十二月　十八日　筒井政憲・川路聖謨等、プチャーチンに国書の返簡を手交
十二月　廿日　ロシアと国境・通商の協議開始

安政元年（一八五四）

一月　二日　プチャーチン、修好条約案を提示
四日　水戸藩に命じて軍艦旭日丸建造に着手
十六日　ペリー再来
三月　三日　日米和親条約調印（下田・箱館開港）
廿八日　プチャーチン再度修好条約案を提示（於長崎）
廿九日　長崎を退去
四月　三十日　烈公、政務参与を辞任

七月　　九日　日章旗を日本国総船印と定める
八月　三十日　プチャーチン、ディアナ号で箱館入港
九月　十八日　プチャーチン、大坂湾に入港
十月　　三日　退去
　　　十五日　プチャーチン下田へ入港
十二月　廿一日　日ロ和親条約を下田で調印（国境をエトロフ島とウルプ島の間と定める）

御承知の通り、嘉永六年ペリーが四艘の軍艦と共に浦賀に来航し、アメリカ合衆国大統領の国書を提出して去つて行くのが六月でありました。そしてペリーが退去して僅か十日後に将軍家慶は亡くなります。その後、本当の意味で将軍が日本の国をリードするといふことはなく、また、幕閣にも危機の時代を導ける程の人材は無く、さういつたことが、慶喜公を次の将軍にといふ運動になり、それが安政の大獄に繋がつて行くのですから、このあたりのところは歴史の不思議といふか、一種運命的な局面ではないかと思ひますが、翌七月に烈公が海防参与を命ぜられます。これは弘化元年に幕府の処罰を受けて隠居を命ぜられてゐたのが、老中阿部正弘の尽力によつて、烈公を再び立たせよ、といふことになりまして、幕政に関与することになつたのです。その同じ月にプチャーチンが長崎に訪れ、アメリカと同じやうに国書の受理を要求します。九月にはロシアの船員が樺太のクシュンコタンに上陸、此処に砦を築くといふ事件が起つてゐます。十月には、プチャーチンは一時長崎を退去して、日

本のあちらこちらに姿を現はしますが、十二月には再び長崎にやつてきます。ここで筒井・川路等を派遣して、国書の返簡を手交して、日露の交渉が始まります。プチャーチンは単にアメリカのやうに通商を求めただけではなく、北方の領土、日露国境の画定をも課題として来てゐるわけですから、国境問題、乃ち北方領土の帰属問題が大きな課題となつてくる訳で、この重大課題に対処するに当つて、動かすことの出来ない事実を以て国境問題を解決する為の資料として、急遽編纂されたのが『北島志』であつたのです。

幸ひ、『北島志』に関しては『大日本維新史料』の中に「北島志編纂始末」として烈公の書簡がまとめられてをりますので、それを中心に見て参りたいと存じます。文字は通行の字体に変へ、返り点を付けました。また引用の東湖書簡は、東京大学図書館蔵写本「東湖先生書柬抄三」から採りました。

最初は、嘉永六年十二月九日付執政連署下達烈公親書でありますが、執政が連署した正式の命令書が出され、それに付けられた烈公の親書です。

外虜の儀、兼々致二考窮一候趣被二聞召一候処、当今の急務に付、魯西亜並蝦夷地千島共、風土人情は勿論、古今沿革等に至迄相窮、巨細取調候様、

但、志表編纂の儀は追て取調候様可レ致候（巨細＝大小となく）

ロシアに関しては（貴方は）兼々関心を持つて勉強してゐる、情報を収集してゐるといふことを聞いてゐる。実はロシアとの関係は当今の急務、現在さしせまつた現実の課題であるから、それについ

てロシア及び蝦夷地（北海道）千島に至るまでの我が北方領土について、風土・人情・古今沿革—蝦夷地、千島のあたりの人々の気風はどうだ、どのやうな歴史的経緯でこれらの島々は発見されたのか、人々が行き来した様子はどうであつたか、といふこと等を出来るだけ詳しく調べて報告するやうに、といふ命令であります。この時豊田天功は大日本史の志と表の編纂の為に雇はれてゐたのですから、それが本務ですが、一旦それを措いて、当面貴方は史館の本務を離れて北島問題に専念して研究をまとめなさい、といふ命令が、嘉永六年十二月九日に出されたといふことです。つまりロシアとの第一回の交渉の始まる二十日ほど前のことでありました。

『北島志』（明治三年四月刊　水戸彰考館蔵梓）の序の中には、「六月起草　至八月始成……」とあります。となりますとこれは嘉永七（安政元年）年ですから、十二月に命令を受け、資料を整理し、翌年六月から執筆を始め八月に完成した、といふことになります。さうすると八箇月で出来上つたことになりますが、実はこの年は閏七月がありますので、実は九箇月程の作業になります。その間豊田は史館の本務を止めて北島の研究と『北島志』の執筆に没頭したわけです。ただ、途中身体をこわしたこともあつたらしく、そのことは、安政元年三月十四日付けの松延貞雄宛ての烈公書簡に、

此節不快の由にも聞候処、如何の様子に候哉、案じ申候、右様の者は国の宝に候へは、何卒早く
全快にいたし度候

といふ一節があります。病気に関するものはこれ一通だけです。

松延は烈公の侍医です。この人も改革派の一人で、烈公に非常に可愛がられました。茨城県立歴史館の寄託資料の中に一振の脇差があります。これは松延家に伝へられたもので、烈公から年（貞雄）が拝領したものです。この刀袋に藤田東湖がその謂はれを書いてをります（東湖全集所収「題大和魂刀」）。それによりますと、この脇差は赤穂四十七士の一人竹林忠七が差してゐたと伝へられるもので、その鞘に書いてある文字は大石良雄の文字と伝へるなかなか由緒のあるものであり、この脇差の柄が傷んだので、これを作り直して、そこに烈公が自分で「陽気所発　金石亦透」（陽気発スル所、金石モ亦透ル）といふ文字を陽刻（浮き彫り）にした短冊型の目貫を作り、それを付け直して、松延に与へられた物だ、といふことであります。勿論それは弘化国難以来の非常な苦難の中に在つて、その節を曲げずに烈公の為にいろいろ尽力した、それに対する烈公の謝意でもあつたのです。そのやうに烈公の信任の篤い医師でありまして、これに十分に豊田の様子を見てやるやうにといふ書簡ですが、注意すべきは、その中で烈公が豊田天功のことを「国の宝」といつてゐることです。ここで国は水戸藩を指します。豊田に対する烈公の信任・信頼もまた厚かつたといふべきでせう。

では、何故烈公は北島についての記録・研究を豊田天功に命じたのでせうか。次の書簡がそれを明らかにします。

安政元年七月十四日付烈公親書

蝦夷地之儀、取調申付置候に付、手元に有レ之書並図共、為見《みせ》申候、蝦夷地之儀は此節指かかり

御入用に候へは、何分早く取調へ指出し候様にと存候、手不足にも候はゞ、其地政府へ申出、雇にても取り、認《したた》めさせ可レ然候、

一　蝦夷地之儀、……此上魯西亜と申合候節も、しかといたしたる証を見出し度事に候へ共……

手許にある北地関係の資料や地図の類は見せるから急げ、もし一人で大変なら政府（其地政府といふのは水戸の執政などのこと）に申出て手伝ひを雇つて貰ひなさい、といふことでありますが、露西亜との領土交渉にあたつて、どうしても確つかりとした論拠に基いて談判しなければならぬ。それを探したい。それが当面の急務である、といふことです。七月頃から両者のやり取りが活潑になるやうに思ひますが、天功もまた次のやうな返書を出してをります。

七月十七日付天功呈書

……愚意に、当今北地の儀、頃刻も緩《ゆるく》すべからず、打捨置候へば、終始禍《わざわい》中州に及び、奈何ともすべからざる儀に可二相成一と、甚以痛心疾首の至奉レ存候間、少《すこし》も早く右の取調仕、北狄を制する御足り合にも相成候様にと励精仕候て、先蝦夷地並久奈尻・恵土呂府等の属島迄明白に相分り、要領を得候様に御座候。只からふとに至り候ては、不分明の儀甚多く……

私の考へとしては、「頃刻」（＝暫くの間）もこの問題をいい加減にして放つておいてはならない。放つておくと北島だけの問題に止まらず、終には本土までも危ふくなる危険があると思はれ、心配で頭が痛い（＝心痛疾首）。少しも早く調査を済ませて、露西亜の南下を阻止する一助としたいと、日夜励

んでをります。今のところ、北海道とクナシリ・エトロフ等の属島についてははつきりとしてきましたが、ただ、カラフトについては分らぬことが多いのです。ただし、

天明六年、幕府御普請役山口鉄五郎・佐藤玄六郎が申出に、カムサツカと申候地名之儀、元来蝦夷地アツケシの酋師イコトイが先祖、カムサツカへ罷越、猟業いたし候処、鳥獣とも夥《おびただし》く敷狩捕、直に其肉を干し、船に積来り候に付、其地名を肉干《カムサツケ》と附置候由、右蝦夷語を吟味仕候に、肉をカム、干をシャツケともサツケとも申候儀相違無御座《ござなく》候、是が証拠中にて尤不動者《もっともうごかざる》に可有御座《ござあるべく》候

……

幕府役人の報告によれば、曾てアイヌの酋長の先祖の一団が上陸して鳥や獣を大量に仕留め、これを直ちに干肉にして持ち帰つたといふことで、そのためにこの地を干肉、すなはちカムサツケと名付けたといふ。蝦夷語を確認したところ、間違ないので、これが今のところ、カムチャツカが日本領であるといふ、ロシア人よりも早く（天明六年・西暦一七八六以前）上陸してゐるといふ、証拠として一番確実なものと考へます。

これは天功が研究の途中で、烈公に対して執筆の進展状況の一部を報告したものでありませう。

この報告は直ちに藤田東湖の耳にも入つたらしく、次のやうな書簡を送つてゐます。実は当時幕府に於ても蝦夷の事情についての調査を前田健助夏蔭といふ人物に調査執筆させてゐたのですが、これが全くの見当違ひの書であつたらしく、東湖は天功の『北島志』の完成を是非早めてほしい、と言ひ、

次いで、それにつけても、

右ニ付、極々内々得二貴意一候ハ、夏蔭等右様の腹（＝蝦夷が千島とは松島のことだといふ説）に候上ハ、貴著の内少しも曖昧なる事有レ之候ハヾ、極て之を排《しりぞけ》候半《わん》、曬肉、蝦夷の方言無二相違一候へハ、無二此上一候間、松前へかけ、カムシャツカといふ言葉ハ、蝦夷にて何の義に候哉、尋候而ハ如何。夫に而ハいよ〳〵曬肉と申出候ハヽ、愉快無二此上一奉レ存候」苦労ニ存候事ハ、ヲホヅカ・イルクヅカ抔の類、鄂夷の地名にツカといふ、カムシャヅカのツカ、萬士（ママ、万一カ）ヲホツカ抔のツカと同じニ而ハ、面白からず候間、慮憂（ママ）の余り御相談申候、前書松前へ御懸の事、無二御伏（ママ）蔵一可レ被二仰下一候、

又曰、カムシャツカの曬肉たる事、引用は何に候哉、心得に伺度候、

これは、執筆中の『北島志』にほんの少しでも曖昧なところがあれば、幕府側はそこを突いて、難癖をつけてくるに違ひない。したがつて、用心の上にも用心しなければならないから、念のため松前藩に正式に問合せてみてはどうか。問合せるとならば全面的に協力する。といふことであり、更に、自分の心得の為と断りつつも、出典を確認しようとしてゐる手紙であります。

次の幾つかは烈公が天功に、参考資料として、それまでに蒐めたものを順次送つてゐることを示すものです。

七月廿四日付烈公親書

……我等幼年の節より、蝦夷の儀不安心に存候は、追々彼地に拘り候書を取集置候処、右は先便指下し申候処、写申付候分出来に付、未表紙をも付不申候得共、入用と存候故、休明光記九冊（是は羽太安芸守御付相勤候節の著述にて至極の秘書に候得は一切他見をば断申候。万一泄候ては甚指支申候）

魯西亜人モウル存書　一冊
北裔備考　　　　　　五冊
瓦剌弗吐島雑記　　　一冊

何れも北地調入用と存候故、今便指下し申候、過日下し候小長持へ一同に入置可申候……

自分は小さい時から北方領土の問題を心配して、北地に関係する書物を集めてゐた。それはこの前送つたが、改めて写させたものを今回送ります。として四部十六冊を水戸の天功へ送る、といふことです。文中、先便とありますが、当時水戸と江戸との間の公的な連絡は五日毎に出る定期便で行はれました。

また、『休明光記』については、本文中にも至極の秘書とありますが、藤田東湖の豊田宛て嘉永七年閏七月四日付の書簡にも、

唯今被レ為レ召、前黄門公（烈公のこと）御前へ罷出候処、御意に休明光記手元より下げ候分ハ相秘候様、（中略）此事直書にて可ニ申遣一処、今日如何ニも間ニ合兼候間、其方より相運《はこび》候様ニと

の御意に御座候間、……

と念を入れてゐるから、やはり烈公もいろいろ苦心して各所から資料を集めたらしく、中には秘書として門外不出とされた書物も含まれてゐたことが分ります。なほ、この東湖書簡には、「北島志」とは無関係ですが、露土戦争の勃発とイギリスの支援によつてロシアが敗れたこと、清国がいよいよ瓦解寸前であること、などの風聞が烈公に齎されたことを記してゐます。

閏七月の烈公書簡には、

一　吹流佐礼之記　六冊

一　未曾有の記　　二冊

右は栃木兵庫助蔵書、一寸拝借故写し候て下し可申存候処、左候ては彼是手間も取れ候故、其侭下し申候処……

とあり、同閏七月十九日付烈公書簡には

此三冊の目録……

とあり、同二十九日の書簡には

此六部は手元の書成り（附東西蝦夷地　里数書一枚）……

抔とあり、七月中には次々といろいろな手元の資料を水戸に送つてゐる様子が分ります。次の資料は安政元年中に天功が烈公に呈した書簡です。

安政元年（月日不詳）天功呈書

……尤前輩中にて羽太安芸守が休明光記、近藤重蔵が辺要分界図考、木村謙次郎が蝦夷日記、間宮林蔵が東韃紀行等、皆実地を経歴し、まのあたり見聞し候儀を相記し、可レ取儀甚多く御座候へ共、地理はとかく不分明儀有レ之、是儀当節第一差支《さしつかえ》申候、依て反復熟慮仕候、当今蝦夷地へ渡り頗其風土人情を審にし候は松浦健（武）四郎と申者を第一と可仕、右健四郎伊勢之産にて、至て奇人、三度迄蝦夷へ渡り候始末、定て高聴にも入居候に可レ有二御座一奉レ存候、此者当今有用之人物とも可レ申、依ては此度反射炉御取立一事に付南部人（大島高治）御頼に相成候同様、暫之内此地へ御頼被二差置一、蝦夷地風土人情等、私追々直談承合相定可レ申歟、只しは、健四郎著述の三航蝦夷日記と申者為二差出一、右を写留、追々校正之助に仕候共、如何共可二宜様仕一、何分小臣被二仰付一候御用之書、速かに成功奉レ呈二高覧一度奉レ存候、

「尤も前輩中にて羽太安芸守が休明光記、……」とありますから、これらの書物は見てゐるわけです。『休明光記』とはあまり聞いたことがないと思ひますが、羽太安芸守正養、この人は松前奉行をした人で、松前奉行とは今の北海道の行政長官です。本文九巻、付録十一巻其他計二十七巻とあります。この人は寛政十一年江戸幕府が東蝦夷（松前領）を再び直轄地にします。その時目付であつて蝦夷地取締御用掛を命ぜられた。それ以来蝦夷奉行、箱館奉行、松前奉行を歴任して、蝦夷地経営の最高幹部としてその衝に当つた人であり、寛政十一年から文化四年（一七九九～一八〇七）まで足掛け八年、

実際に北海道経営に当つた人であります。実際にどういふ出来事があつて、どのやうに対処していつたかといふことを、和文を以て九巻に記した。それからその他に取り扱つた公文書を更にまとめて付録とし、さらに文化三年・四年ロシア船襲来一件の資料を付録別巻四巻として添へたものであるといふことです。これは実際に松前に居て現地を踏み、現地で行政に当つた人の記録であります。

『休明光記』の「休明」といふのは大いに明らかといふ意味ださうです。つまりこれは幕府の御威光を指す訳で、天下泰平、その幕府の御威光によつて斯くの如く蝦夷地も無事治つてゐるといふやうな意味で付けた名前のやうです。幕府の役人らしくちよつと気取つた名前ですね。近藤重蔵といひ木村謙次郎（謙次）といひ、あるひは間宮林蔵といひ、皆、実際に北地を探険しクナシリ・エトロフに渡り、あるひはカラフトまで足を伸ばした旅行の記録でありますから、かういふ実地の記録といふものを参考にして作つてある。

しかしこれらの記録は非常に参考になるけれども、実際の地理がよくわからない。

「是ノ儀当節第一ニ差支へ申候」、

実はこの研究に当つて一番困つてゐるのは地理の問題である。そこで、いろいろの本を調べて、かうであらうああであらうとやつてゐる。ところで

「当今蝦夷地へ渡り頗ル其ノ風土人情を審にし候は松浦健（武）四郎と申者を第一と仕つるべく、右健四郎ハ伊勢之産にて、」

いま生きてゐる人で実際に蝦夷地に渡つて風土、人情、地理に一番詳しい者は伊勢の松浦武四郎である。三回も北海道に渡つて各地を尋ねて居る。このことは既にお耳に入つてをりませうが、この人は、いまこの時代において必要な役に立つ人物である。

「依ては此度反射炉御取立一事に付南部人（大島高治）御頼に相成候同様、暫之内此地へ御頼被二差置一、蝦夷地風土人情等、私追々直談承合相定可レ申歟、只しは、健四郎著述の三航蝦夷日記と申者為二差出一、右を写留、追々校正之助に仕候共、如何共可二宜様仕一」

そこで、反射炉建設で南部から人を借りたやうに、松浦武四郎を一時期伊勢から借りて、水戸の雇とすることはできないだらうか。さうすれば、私が直接話を聞いて、ここはどのあたりだ、此の地名の読み方は、などいろいろ聞いて確認することができる。若しこれが不可能ならば、松浦の著書の「三航蝦夷日記」を借り受けて写し留め、校訂の参考にしたい。いづれなりとも宜しきやうに御配慮願ひたい、といふことであります。此の時点で「三航蝦夷日記」は天功の手元には無かつたのですが、後には見ることができたらしく、安政二年九月四日付けの烈公書簡には、初航・再航・三航蝦夷日記の他に付録や地図が見え、これらによつて増補を考へてゐたことが分ります。当時の資料で手に入るものは出来るだけ集める、なんとかして手に入れたいと努力してゐる様子が伺はれます。『北島志』にどんな書物が使はれてゐるかといひますと、『蝦夷志』（新井白石）、『休明光記』（羽太正養）、『東韃紀行』（間宮林蔵）、『北槎聞略』（桂川甫周）、『蝦夷拾遺』（山口鉄五郎高品）等、いろいろな書物を参照・

比較してをります。『日本書紀』も使つてゐます。当時手に入るあらゆるものを用ゐてゐます。学者の中には水戸の木村謙次などの業績を無視して居るといふ人もをりますが、そんなことはありません。安政元年の手紙の中に「木村謙次郎（謙次の事）が蝦夷日記」と出て来ます（武四郎と水戸との関係については、吉澤義一氏『北方領土探険史の新研究』（錦正社刊）を参照）。

　次は九月四日付けの天功の呈書です。

　……蝦夷地一書出来候間、草本ながら先便奉レ呈二高覧一所存之処、清書少々相残り、尚御表紙句読等仕候に少々暇入申候間、九日御便に奉呈可レ仕奉レ存候、

未だ完本とは申せませんが、漸く出来ましたので、九日の定期便で江戸へ上せます。

　右は、先蝦夷地之調に御座候。尤魯西亜との先年よりの取合は委敷相記し申候得共、尚又魯西亜国内の形勢変化を審に不レ仕候ては不二相成一勢、右には是非蘭書講究不レ仕ては真実事情相分りかね候儀共御座候、依て魯西亜国内の儀は別に一書相認可レ奉レ呈二高覧一奉レ存候……

「北島志」と名付けられた書物が出来ました。これはまだ完成品ではないけれども一応清書して提出します。少々手間がかかつてゐるので、九日の飛脚に乗せます。これは蝦夷地についての調査の書物であつて、ロシアと蝦夷地のことは書いてありますが、ロシアとのやりとり、これまでの日本との関り――ロシアが何処に侵略して、どのやうに追ひ返したとかのことは詳しく記しましたが、問題を根本的に解決するには、ロシアそのものの歴史や、政治の変遷などを審らかにしなければならない。しか

し、これらの問題に就いては蘭書、外国の書物に拠らなければならないので、これは別に改めて編修したいと思ひます、といふ手紙です。

かういふ次第で、烈公も、特に豊田天功にその仕事に専念するやう命じてあらゆる便宜を図り、それに応へて天功も懸命に対応し、当時手に入る具体的な歴史事実を、実際の見聞を踏へた記録を中心としながら記述したものである、といふことが分ります。

次に九月十四日付けの烈公親書です。

> 北島志成功、早速一覧之処、乍二毎度一絶倫之見識気力、実に令二驚嘆一候、地理物産等云々念入候儀、何も此外に別に申付候に不レ及候、右志、我等より幕府へ指出可レ申存候処、差支無レ之哉、為レ念承候、尤右様之書伝播候儀、幕府にては甚忌候故、当今は先々草稿をも深く秘候様いたし度候也、

『北島志』、早速目を通した。何時ものことながら人並外れた見識・気力、実に驚き入つた。地理・物産まで詳細に記されてをり、これで十分である。良く出来た。これを幕府に提出しようと思ふがよろしいか、念のため貴方の考へを聞きたい。尤もこのやうな書物が広まることを幕府は非常に嫌ふから、草稿も深く隠して人に見せたり写させたりさせてはならない、と念を入れてゐます。

また、九月十四日付の東湖から豊田宛ての書簡に、

> 拝啓、只今被レ為レ召、太公御前へ罷出候処、御意に北島志成功、誠に神速之事感心々々、扨早

速阿閣へ廻シ、幕有司の心得ニ致度候処、万一筆者ニ而、幕へ出すならハ此処ケ様致度と申事有候而ハ不レ宜為念豊田の存意承候積也、（中略）扨右ニ而野生（東湖の自称）心付候処、中巻の末文、竹内云々の処ニ、墨夷借箱館地と申義ハ、如何致候もの歟、糞桶学士の応接、愚を極め候事勿論に候へ共、借の字ハ世間ニ而申候のみ、幕議にハ先々無之様子、どこ迄も食料薪水等欠乏の品を遣候為ニ、下田箱館両港を開候と申《もうす》名目ニ御座候間、是も幕人毛を吹不レ申為ニ、何と歟御扱御認可然哉、尤是ハ御意ニ無之候、……

といふのがあります。烈公の御意を伝へながら、出来上つた書物の中の用字について、借ではなく開が幕府の建前であるから、文句を付けられる前になんとか書き方を工夫してほしい、尤もこれは烈公の御意見ではなく、私の考へだが……。といふことです。このやうなことまで気を遣ふ側用人の仕事もまことに大変なものだと思ひます。

それはともかく、この書物を幕府に提出するその意図、狙ひは、次の九月廿五日付け藤田東湖から天功宛ての手紙にあります。

……当時の形勢にて相察し候に、筒井・川路両人浪華へ相越候て応接歟、又は鄂虜（＝ロシアのこと）を下田港へ呼よせ、右湊へ両人出張応接の二つに落入可申歟、いづれにいたし候ても、北島志は当時必要一日を争ひ候御著述ゆゑ、中々清書を待兼申候、今朝御意には、筒井等の腹へ北島志入置候はゞ、夫丈の益可有之、応接に差懸り候ては、見せ候ても腹に入兼可申候間、極草稿のまゝ、内々廻し候ふりにて公辺へ差出し、尤糞桶はじめ博士抔へ廻し不申、全応接懸りの両人へ見せ、早速返しくれ候様可申遣との御意に御座候、多分右様相成可申歟、定て貴兄御手許には全くの御稿本は可有之との御見通しに御座候……

これは初めにお示しした年表に九月十八日プチャーチン大坂に入港、とありますが、これにどう対処するか二十五日には未だ決つてゐませんでした。

大坂に行くか、下田に呼び付けるか、いづれかであらう。いづれにしても川路と筒井の二人が交渉を担当する。従つて一日も早くこの書物を彼らに見せたいので清書を待つてゐられない。今朝の烈公の意向では、筒井達の腹へ『北島志』をしつかりと入れておけば大いに役に立つ筈である。しかし、交渉が始まつて仕舞へばじつくり読んでゐる事はできないだらうから、出来たばかりの草稿のまゝ、内々廻したやうにして、幕府に提出し、両人にだけ見せて、草稿だからとすぐに返してもらうようにしたい。他の役に立たない、学者や林家抔には見せない。林家は外交担当で、実際の交渉にもあたつてゐたのですが、なんの役にも立ちませんでした。見せるのは、この国の事を真剣に考へて命を捨て、交渉にあたらうとする人物にだけ見せるのであつて、自己の利害に拘つたり相手の武力に兢々として腰の引けてゐる連中には見せない（見せても無駄だ）といふ御意向であります。多分そのやうになるでありませう。万一行方不明になつても没収されても、貴殿（天功）の手許には大本の草稿は残つていませうから。といふことです。で、幕府に提出されました。

次は十月九日付け烈公親書。

十月八日阿部伊勢守（老中筆頭）よりの来書之内に、一、過日は御家臣豊田彦次郎の認候書冊、応接心得にも可二相成一と御廻し被二成下一、難レ有、乍レ不レ及一覧仕候処、誠に以驚入候儀、感心仕候、早速有用之品に付、筒井川路へも内々拝見心得之儀も申談置申候、定て川路より誠之進（藤田東湖のこと）へも委細申聞候儀と存候、右の通故、内々咄申候、尚此上牛乳にても相用、精神を養、此上入用之著述出来候様存候也、

八日の阿部老中からの手紙では、一通り拝見したが、何とも驚くべき書物で感心しました。早速、これは役に立つと思ひ筒井・川路へも心して拝見するやう申付けておきました。このことは定めて川路から藤田東湖へも詳しい報告が行くことでせう、とのことであつた。このやうな次第だから貴方（天功）の苦労は報いられたことを内々知らせて置く。これからは牛乳でも飲んで元気を養い、なほ役に立つ書物の作成に励むやうに。また東湖からも、十月九日付けで、

一昨日七日　太公御使ニて川路左衛門尉方へ相越候節、同人申聞候ハ、阿部伊勢守より御藩御著述の北島志相下り候間、日夜披覧、今朝迄ニ卒業、豊田の名は兼而承居候処、乍二失敬一承候にまさり、敬服仕候、如何ニも方今大即用の書、御内々太公へよろしく御礼申上候由、其節談話の序ニ、果して曬肉抔の事ニ及候故、直様懐中より書付賢息御抄録之分差出し相示候処、川路も実ニ悦び申候、同人云ク、過日営中ニ而、太公御意ニ、蝦夷が千島ハ松島の事と申もの有之よし、夏蔭へ内意相

達候風説も承り候との御意故、夫ハけしからぬ事、夏蔭見込は却て強過候位ニ奉存候旨、御請申上候、種々流言の中候にハこまり候旨も談話有之趣申上候処、野生より御運び申候様被仰付候間、左衛門尉口気のまゝ相認得貴意候、以上

十月九日

尚々近頃牛酪ハ如何、御用候ハヾ松延定雄へ御申聞、御頂戴被成候様呉呉御沙汰に候、以上

川路との会話を豊田に報告し、更に松延に連絡して牛酪（チーズの様な加工品）を頂戴するやうにとの烈公の意を伝へたものであります。

ここで一寸横道にそれます。

川路左衛門尉と烈公は実は深い関係にありました。茨城県立歴史館に寄贈された史料の中に、すこし風変はりなものがあります。嘗て「茨城県歴史館だより」21に紹介しましたが、それは、午王宝印の捺された用紙に烈公が歌を書いたもので、内容は左の通りです。

「御爲第一奉存

聊以御後闇儀

仕間敷事

齊昭

君か爲まつさき出る

むめの花やみこそ
なけれ我かほり
には」

これは昭和五十五年九月、東京在住の荷見晉氏の仲介により、同安氏夫人愛子氏より寄贈されたものであつて、『流芳遺墨』にも載せられてゐる一幅です。

本紙は、タテ三十一・〇センチ、ヨコ四十・八センチの牛王宝印を料紙に見立てたもの。表具は、金襴牙軸の本表装である旨、並に八双部下端の外題「水府公御書」の文字は、川路聖謨自筆の旨の旧所蔵者石黒忠悳氏の貼紙が付けられてあります。烈公三十八歳の筆になります。

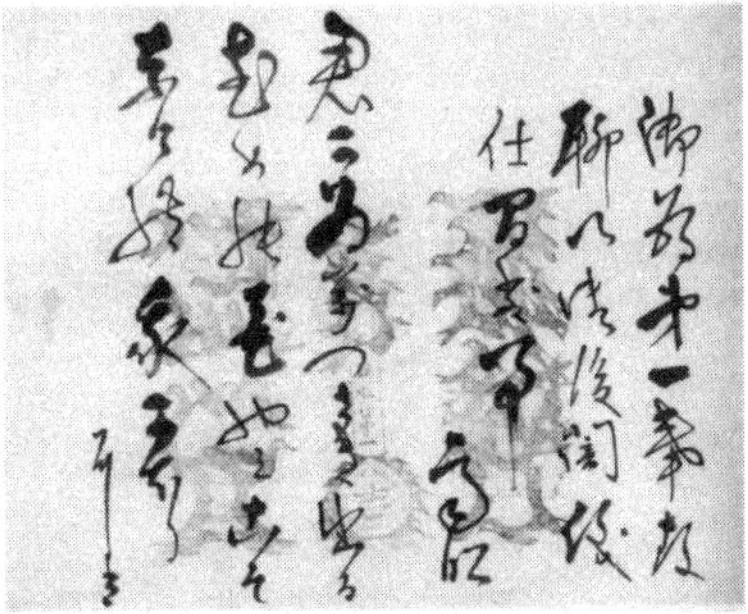

『水戸流芳遺墨』より転載

文意は一目瞭然ですが、詞書は「御為《おんため》第一と存じ奉り、いささか以て御うしろぐらき儀、仕る間敷きこと」と読み、和歌の上の句は「弘道館賞梅花」の詩のこころに通じ、「先つ咲き」は「真つ先」と掛詞、下の句は「春の夜の闇はあやなし梅の花色こそみえね香やはかくるる」の古歌をふまえたものでありませう。

牛王宝印は、厄除けの護符として諸社から出されるものですが、中世以降は誓紙・起請文の料紙として用ゐられてきました。従つて、これは一見烈公の誓紙の如く思はれますが、これは誓紙の形式を踏んでをらず、また、誓紙・起請文の場合は、印面を裏にして記すのが正規の書法なのですが、よく見ると宝印の印刷面に墨書されてゐます。

何故烈公は、このやうな変則的な料紙・書法を用ゐたのでせうか。

この幅に附属する多くの書類の中に、川路聖謨の孫に当る川路寛敬氏の「川路聖謨自筆記録中抄録」といふ一紙があります。それによると、この「御為第一云々」の文言は、実は聖謨が「誓紙」と前文にしてかう書いてほしいと依頼したものでありました。それは、「君に仕へ奉る身にて八右の語守り候ハヾ汗牛之書にも優り可レ申とおもひしまヽ」この文言を、と考へたからであつたのですが、烈公は、左右の者が、前例のない文言だからと云つて止めたので、はじめ、絹地に「俯仰不愧天人」の孟子の語を書き与へようとしたが思ひ直し、聖謨の望みはもつともであり、武士の本意であるから、と、「御爲云々」の語を詞書の扱ひにして和歌を作つて与へた。天保八年四月のことである、とあります。

即ち烈公は、聖謨の意を酌んで牛王宝印の料紙を用ゐましたが、左右の者の配慮をも汲んで、わざと裏を用ゐず、これを和歌懐紙に見立てて書き与へたものであつたのです。

その他の附属書類によつて、この幅が初め坂本董墅なる人物の手に入り、同人死後、石黒忠悳男爵がこれを購ひ（明治二十四年）、更に石黒氏死後、形見分けとして荷見家に贈られたものであることが知られ、また、石黒氏自筆の由来書によつて、同氏と川路家との関係やこの幅との出合ひなど、興味深い話が伝へられてゐますが、いまは省略します。

一幅の書が、その成立の事情から伝来の様子まで、ことごとく明らかな記録を伴ふことは希有のことであつて、表具が当初のまゝであることと併せて珍重すべき一点でありますが、更に、この一幅が、烈公と川路聖謨の当時の交流を知り得る好個の史料であることは勿論として、天保八年が、二月に大塩平八郎の乱があつたことをその背景に置いて考へるとき、この文言贈答の内に秘められた意味に深重なものを覚えます。

また、時は前後しますが、『烈公詩歌文集』には筒井と川路が対露交渉に出立する時に烈公が与へた和歌が採録されてゐます。

　嘉永六年肥前守筒井政憲が七十余りの齢にて長崎へ出立ける馬のはなむけに

いにしへにまれなる老の坂こゑてよを長さきにいてたつか君

　同じく川路聖謨へ

わが国の千島のはてはえそしらすさりとてよそにとらすへきやは

みちのくのちしまのはてはえそしらぬかそへてかへれわか君のため

是に対して川路の返歌は、

　御返し

限りなき君か恵はゐそしらぬ千島のはてはよみ尽すとも
誰れ他所にとらすへきやは我国の千しまと君かおしへあふきて
この返歌を見ますと、『北島志』は未完であるもの丶、烈公と川路の間には早くから交流があり、領土に関する情報は入つてゐたと思はれます。本格的な交渉は前述の通り翌安政元年のことになります。
少し余談に亙りましたが、次は安政二年九月四日付け烈公書簡です。
先達て、北島志幕より返候はヾ書入候所有之故、一寸下げ候様申聞候故、下げ候処、今以書入出来不申候哉、書入出来候はヾ、又々指出可申候、北島の事は過日申聞候松浦竹四郎の初航蝦夷日記十一冊、再航蝦夷日記十四冊並付録一冊、三航蝦夷日記七冊並付録一冊、蝦夷日記付録一冊、蝦夷全図十四巻、後方羊蹄於路志一枚
にて尽し候様存候、右は度々蝦夷へ自分にて行候て認候事故、委細に出来候事也、豊田抔は全く書物の上にてのみ認候事故、別て骨の折候事也、北島志書入出来候はヾ登せ可申候、
これは、どういふことかといふと、安政元年の九月に末に幕府に提出された北島志が一年程経つて返されてくるのですが、かなり川路達の手許にあつたらしく、これは実際の交渉の役にたつたのだらうと思ひますが、豊田としては、とにかく書き上げたままで碌に推敲もしてゐなかつたのでもう少し増補改定して置きたいといふことであつたのでせう、烈公は豊田の請に任せて水戸に送つた。しかしなかなか返つて来ない。そこで催促をした手紙です。

北島の事は過日中聞候松浦竹四郎の初航蝦夷日記十一冊、再航蝦夷日記十四冊並付録一冊、三航
蝦夷日記七冊並付録一冊、蝦夷日記付録一冊、蝦夷全図十四巻、後方羊蹄於路志一枚

とありますから、烈公も是等を見て、松浦武四郎のものが良い、これで九十パーセントはカバー出来ると思ふ。これは実際に現地を踏んだ記録であるから詳しいのは当然であるが、豊田の『北島志』は、書物だけを調べて研究して、それだけの成果を挙げたのであるから、随分大変であつたらう、との労ひと共に、『北島志』の完成提出を急がせたのであらうと思ひます。

十一月二十九日の豊田書簡には、書入れ書き直しが終つたので提出します、として此の書物は先づこれまでとし、「間宮林蔵が東韃紀行、松浦竹四郎が蝦夷初航二航三航日記等の類、近々の儀は又別書に相撰候様可仕候、右は小臣当節大日本史編修御急ぎに付間合兼、志表御成功に相成候後に仕度奉存候」とあります。

この時提出された『北島志』が水戸彰考館の蔵本であると思ひます。明治三年四月に活字にされました。その序を見ますと、

……六月起草　至八月始成　爲レ巻凡五　再拝進二之僕人一　庶三幾乎補二時務之万一一云

嘉永七年秋八月朔　彰考館編修臣豊田亮謹序

とあります。僕人といふのは、辞書に、貴人の傍に侍して礼式を司る者をいふ、とありますから、直

接烈公に提出するのではなく御側の人に提出する、といふ意味です。「時務ノ万一ヲ補フニチカカランカ」とありますところに本書執筆の豊田の自負が見られると思はれます。

執筆が終つて序文を作つたのが八月一日であり、これが九月に転写されて江戸に送られ、九月末には川路達の手に渡つた。十月十五日から下田で始まつた交渉に間に合ひました。十二月二十一日には日露和親条約が調印されます。北方問題はどうなつたか、といふと、択捉島とウルップ島との間を国境と定める。樺太は国境を定めない、両国民雑居の地とした。

『北島志』によれば千島列島は勿論、カムチャッカも樺太も日本の領土であつた。しかし、幕府としてはロシアとの力関係もあり、ともかくロシアが当初は国後・択捉までロシア領だと言つてゐたのを押し返してウルップとの境を国境としたのであります。

今、平成の今日、ロシアは国後・択捉まで占領してをります。しかし、日露交渉のそもそもの始めから国後・択捉は蝦夷地の一部、乃ち北海道の一部であるといふことが両者の合意事項である。それ以後全く変つてゐない。千島樺太交換条約が後に締結されますが、千島といふのはウルップ以北であるといふことを忘れてはならないと思ひます。

この事に関連して『北島志』の巻立てと凡例とを見て見ます。

巻立ては五巻立てになつてゐますが、一巻から三巻は蝦夷地となつてをり、四巻は北蝦夷となつてゐます。ここでいふ蝦夷地とは、北海道本土と国後・択捉・歯舞・色丹であります。北蝦夷といふのは樺太で「北蝦夷、初名空子《カラコ》後曰二哈喇土《カラフト》一、文化六年為二名北蝦夷一」とあります。五巻の千島は「宇《ウ》児婦《ルプ》島至二加模沙児斯加《カムサスカ》一」となつてをります。「自（より）」が抜けてをりますが『北島志』ではこのやうに規定してをり、それは日露交渉の基本資料ともなり、ロシアもそれを認めた訳であります。

凡例の中に、

一、この書鄂虜（ロシア）の事を載す、夷地と鄂虜と相接し、虜人耽々として相視《うかが》ひ朶頤《だい》垂涎の念、未だかつて一日として輟《や》まざるなり。神州北方の憂、これより甚しきはなし。君公、臣に命じてこの書を作らしむるは、実にその地理人情を審らかにし以て折衝禦侮の用に供せんと欲す。故に鄂虜の蚕食、支蕩侵略を放《ほしいまま》にするの事、最も詳を加へたり。本篇の録せざる所はまさにこれを北虜志に載すべし」（書下し筆者）

といふ一節があります。本書編纂の目的を明らかにするとともに、此の書を『北島志』と名付けながら北島とは異るロシアの事を載せてゐる理由を説明してゐます。すなはち、ロシアとは地を接してゐるので、彼等は年がら年中、日本の領土を喰ひ取らうとして虎視眈々涎を流してゐる。ロシアの侵略の問題は我が国北辺の最大の問題である。烈公がこの『北島志』の編纂を命じた真意は、北地の地理人情を明らかにして、ロシアとの交渉に当つて我が国本来の領土を明らかにし、これを守る、ロシアの進出を食止めるといふことを願つたからに他ならない。であるから、ロシアが実際に我が領土を蝕んでいき、縦《ほしいまま》に従来の秩序を打ち破つて侵略してゐる状況に就いては最も詳しく書いた。そのロシアに就いて本書の述べなかつたことに関しては、別に『北虜志』に述べることゝする、といふのです。天功には更に『北虜志』著述の志があつたのです。しかしこの書物は出来上つてゐません。

なほ、もう一つ、ついでながらお話ししておきたいと思ひますのは、この国境交渉の結果は前述の通りですが、この後幕府は更に樺太の国境を決めようとロシアに使節を派遣します。この時のロシアとのやりとりが実に面白いのです。そのことを私が知りましたのは、平泉澄博士の書かれたものからですが、『日本』といふ雑誌の平成十四年七月号に「豪快なる外交官」といふ題で載つてをります。それによりますと、幕末期ロシアと樺太の国境画定について外交交渉の衝に当りましたのは、松平石見守康直といふ人物です。この人は五千石の大身の旗本で神奈川奉行になりました。当時の一番の問題はイギリスの商人でした。貿易の際に狡をする、いろいろと悪いことをする。それを一々厳しく処断して、しかもそれが国際法を踏まへた上で処断した。問題が起る度にイギリス公使であるオールコックとやり合ふわけですが、いろいろとやり合ふ内にオールコックを感銘させてしまひます。この人は公正でしかも見識も高く立派な人だ、といふことで、ロシアとの交渉には是非この松平石見守を派遣しなさい、とオールコックが幕府に推薦するまでになつた。それ程までに外国の外交官、海千山千の外交官に認められたといふことですが、この石見守、イギリスの軍艦に乗り香港からスエズを越えてイギリスに行き、そしてフランス、ドイツを通つてペテルスブルグへ入ります。彼の任務はロシアとの樺太国境画定交渉です。さて交渉の相手はといふと、イグナチェフといふ三十歳の若い陸軍少将でありました。この時石見守は三十三歳。イグナチェフは三十歳で少将に抜擢される程の切れ者です。この二人の年齢に御注目ください。国を担ふといふことに年齢は関係ないのです。ここに、はしなくも両国の俊英が対決することゝなつたのです。年代は文久二（一八六二）年であります。

イグナチェフ曰く、遠路はるばる御苦労であつたが、樺太は本来ロシアの領土であつて、先に両国人雑居と定めたのは居住を認めただけである。今更国境交渉といふことは有り得ない。ロシア帝国としては問題とすることは何もなく、交渉の余地はない。かう出て来た。そこで石見守、それではこれを見てください。これは香港で買つて来た世界地図、これはロンドンで手に入れたものです。これはパリ、これはベルリンで。これらの世界地図を見ると、全て北緯五〇度の線で色分けしてゐる。世界は日露の国境は北緯五〇度と認識してゐますがこれをどうお考へですか。するとイグナチェフは顔色も変へず、そんな他所の国の人間がどのやうに考へようとも我が帝国に於ては、樺太は全て我が帝国の領土である。そんなものは証拠にもならぬ。……

そこで石見守は、聞くところによるとペテルスブルグの天文台は世界で有数の最も優れた天文台であるといふことであるが、これは本当であるかと質問する。イグナチェフは胸を張つて、その通りであると答へる。それでは是非その天文台を見学させて戴きたい、是非案内して欲しい、といふと、イグナチェフはその理由を尋ねます。石見守は言ひます。実は自分はペテルスブルグに着いて真つ先に天文台に行つた。そこに三つの地球儀があつた。それらの地球儀を全て詳しく調べたところが、全て北緯五〇度の線で色分けがしてあつた。世界で最も優れたしかも他ならぬ貴国の天文台の地球儀がさうなつてゐる。貴方の言葉と矛盾するが如何か。

そこでイグナチェフは脱帽した。私は今までさんざん色々な外交交渉を経験して来たが貴方のやうな方に出会つたのは始めてである。貴方は外交と言ふものを御存じだ。まことに感心した。実は自分は皇帝から国境交渉をする権限を与へられてゐないので、これから宮廷へ行つて皇帝からその権限を戴いてくるから、それから改めて交渉に入らう、といふことで始めてここに国境交渉が始まつたといふことであります。さういふ外交を幕末の一旗本がやつてゐるのです。徳川幕府衰へたりと雖も、とかく非難の対象となる旗本の中といへども、このやうな見事な人材がゐたのです。

この時にもしかしながら国境を明確にすることは出来なかつた。その後明治になつて北海道開拓使長官榎本武揚が、樺太をロシア領と認める代りに千島全島を日本領とする千島・樺太交換条約を結び、そして日露戦争の結果、賠償の一部として樺太の北緯五〇度以南が日本領となつた。それがこの度の戦争に際して不可侵条約を一方的に破つて侵入して来たソ連軍によつて全て占領された。歯舞色丹をも含めた北方領土は今なほ、ソ連は崩壊してロシアと代つた今なほ、占領下にあるのです。ロシアと日本の軋轢は、烈公の時代から未だに続いてゐるのです。烈公が『北島志』に託した想ひは、決して過去の問題ではありません。

なほ、以上に関連して水戸藩の蘭学について簡単におさらひしておきます。

天功も前に見たやうに、蘭書の知識が必要であると言つてゐますが、水戸藩では天保三年に青地林宗を招いて蘭学を始めました。林宗の待遇は七人扶持です。その弟子になつたのが鱸半兵衛重時、松延貞雄（先程出て来ました医者です）、岡田宗立。鱸は高萩の出で、後に旭日丸の建造に蘭学の知識を以て参画する。四年に林宗が死にまして、その後幡崎鼎を招聘しました。幡崎鼎は彰考館に残されてをります大砲や軍事関係の書物の翻訳などに携はつてゐます。ところが、ある書物を求めに長崎に行きますが、幕府の役人に見つかつてしまふ。実は曾て長崎に居た時に国禁を犯して幕府のお尋ね者になつてゐた。天保九年十一月のことです。水戸藩では返してくれるやう運動しますが叶はず、追放刑に処せられました。其後豊田の一子小太郎などが蘭学を学ぶ許可を得ますが、水戸藩ではあまり蘭学は根付きませんでした。

また、北海道については、烈公が、北海道開拓を水戸でやらう、と幕府に願ひ出てゐます。烈公の計画は、家督を継げない部屋住の二・三男を連れて入植する、烈公自らが北海道に渡つて陣頭指揮を取る、といふことでありました。天保十年には『北方未来考』といふ書物を著してをります。これは実際に北海道に渡つたらどうするか、といふことをいろいろ具体的に構想して書いたものです。例へば町をどのやうに作るか、本土の普通の町と違つて砦のやうなもの、西部劇の砦のやうなものを構想したり、蝦夷地に於けるアイヌの生活の保護向上のために育子館を作らうとか、牛馬を移入しようとか、色々なことを考へてをりました。『北方未来考』は水戸藩史料に載つてゐます。

また同じ頃に蝦夷全図といふものを作らせてゐる。その中に北海道といふ言葉が出てくるのです。「松前・蝦夷、西はカラフト東はシコタンなど、北は千島よりカンサッカまでを北海道と定め、新たに国名御付けに相成」といふ文章があります。北海道といふ名称は松浦武四郎が建議して正式に決つたといふことになつてゐるわけですが、天保十年に既に烈公は北海道といふ行政区画名を作つてゐるのです。古くからは西海道、東海道、南海道などとありますので、北海道は当然自然に出てくる名称ですが、ここを日本の新たな行政区域として確定し、どんどん開拓してロシアから守らなければならない、それは水戸でやりませう、とそこまで烈公は考へてゐたのです。

そのやうな烈公の想ひは色々な形で残されてをりますが、天保十三年正月十三日、水野忠邦の日光社参の際に寄せた歌があります。

日の光大和の国にみちぬれハ蝦夷も照せと君いのれかし

この君は水野忠邦を指すと思ひますが、一首の意味は、東照神君の威光によつて日本の国は平和で穏やかに治つてゐるけれども、その威光を蝦夷（北方領土）まで及ぼすやう貴方に祈つて来て欲しい、といふことでせう。

水戸藩の働きといふことについては、さまざまな形で説かれ、またこの講座でも取上げられてきましたが、改めてこの北島志の編纂事業を通して、幕府との関りの一端を知ることが出来たのではないかと思ひます。

（平成十五年十二月七日水戸学講座　平成二十六年二月改訂）

第十一章　父と子――烈公と慶喜公――

今年は、王政復古の大号令すなはち、明治維新の始まりから算へて丁度百二十年にあたります。そのため、常盤神社に於かれてはこのことを記念して先月御祀りが行はれ、名越時正先生から、幕末の混乱の中にあつて、我が国が、国家・民族の大分裂・大抗争といふ悲劇を回避し得、やがて近代国家としての道を速かに歩み始める事ができたのは、慶喜公によつて大義が明らかにされたからであり、しかも、その混迷激動の中にあつて大義を明らかにし得たのは、義公以来の水戸の学問によつて鍛へられた精神、代々にわたつて伝へられた遺訓によるものであつたといふ主旨の、極めて明快なお話がありました。

本日は、先月のお話を承けまして、慶喜公とそのお父さんである烈公（水戸九代藩主斉昭）との関係を考へて見たいと存じます。

慶喜公は、天保八年九月二十九日、烈公の七男として、江戸小石川の水戸藩邸で誕生されました。お母様は烈公の正夫人有栖川宮王女登美宮（貞芳院）であります。幼名は七郎麻呂、名は昭致（アキムネ）字は子邦、号を興山（水戸家では代々山の字をつけます）、また経綸堂と称しました。誕生の翌年四月、二歳（といっても僅か七ヶ月程の赤子ですが）、父母の膝下を離れて水戸に移されました。それ以来、弘化四年九月、一橋へ養子に行くまでの十年ほどは水戸で教育を受けます。その教育の方針、烈公がどういふ教育を子供達に与へようとしたか、また幼い頃の慶喜公をどう見てゐたか、『徳川慶喜公伝』は次のやうに伝へてゐます。（引用には「東洋文庫本」を用ゐた為、漢字は通行の書体に改めてある。以下同じ。）

烈公は都会軽佻の風俗が幼稚の心に浸染するを恐れ、且つ文武の修行も思ふに任せず、附人又は着服等までも、封地に比して無益の失費少からざるを慮り、幕府に請ひて、諸公子は悉く水戸に下さるゝ事と定められき。されば公も誕生の翌年、天保九年の四月を以て小石川の邸を発して水戸城中に移られ、爾来数年の間一度も江戸には入らせ給はざりき。公稍長じて文武の修行にいそしまるに及びては、日々弘道館に通学あり、文学は会沢恒蔵・青山量太郎の二人之を教授し、武術は福地政次郎鉄砲　神発流、佐野四郎右衛門弓術　大和流、雑賀八次郎剣術　水府流、久木直次郎馬術　当流、等其長ずる所を以て師範たり。烈公嘗て公の傅役井上甚三郎に、諸公子教育の要を諭されし書の中に、庶子は嫡子と異りて、養子に望む家あらば直ちに遣はすべきものなれば、永く我が膝下に教育し難し。されば文武共に怠らしむべからず。若し他家に出し遣る時、柔弱にして文武の心得なくば、我が水戸家の名を辱むる事あるべし。水術・弓術・馬術の三科は并に修行せしむべし。中にも馬術は馬場にて乗るのみにては何の用にも立たず、山坂を乗り廻らん為に、度々弘文亭の辺、仙波のあたりを廻るべし。湊などへも、手軽に附の者どもと遠馬に出づるやう扱ふべし。但し子供始め腰弁当たるべし。後年公が馬術の非凡にして、所謂大名芸にあらざるは此に本づけり。

終りの部分に、公が乗馬の名手であるとありますが、これは御世辞ではありません。後に、禁門の変（蛤御門の変）の折には、砲声の轟く中、馬を縦横に走らせて指揮をしたといふことです。その他、鉄砲も熱心に稽古され、弓、剣術など、大概のものは修行したやうですが、水泳だけはどういふものか駄目であつたといふことです。

付け加へれば、水戸家の若君達は、普段の食事も一汁一菜といふのが原則でありました。服装も、毎月一日と十五日と二十八日は式日で、この日は黒木綿の紋付に麻裃であつたのですが、平日は手織の木綿の服に小倉の一重の袴を着した。夜着も蒲団も全て麻や木綿でありました。当時は絹が上等な物ですが、絹製品は一切用ゐなかつた。御飯も白米ではなく玄米。一汁一菜といひましたが、魚や肉が出てくるのは月に三回、さういふ質素な生活でありました。烈公の手紙を見ますと、若い時代には冬でも素足で過した。足袋は履かなかつた。冬はアカギレが切れて血がにじんで痛かつたけれども、そのまま我慢した。袴も木綿の一重の袴で通した。何時も同じものを穿いてゐるものだから裾がほつれて糸屑がぶらさがつて、秋や冬に庭を歩くと裾に落ち葉が絡んでくつついて来る、とあります。生活面に於ける質素は水戸家の家風でありました。その質素の中で身体を鍛へ心を養ふ事を眼目としたのであります。

公子達の毎日はどのやうであったのか。同じく『徳川慶喜公伝』によれば、朝ははやく起きて洗顔、着物を着替へて着坐する。家来の者が見台を置きます。そこに四書五経の昨日習つたところを持つて来ます。それを大きな声を出して読む。一巻の半分ぐらゐを読みます。その間に家来がうしろで髪の毛を梳いて仕度をします。読みを間違ふとうしろに居る家来が指摘します。それが終ると朝御飯。それから十時頃迄は習字。そして皆揃つて弘道館に行きます。午前中は本の読み方等の講義を聞きます。昼は御城へ帰り、一定時間休憩しますが、午後は武芸の修練です。夕飯ころまで武芸をやり、夕飯後は、朝読み残したところ、朝御飯までにやり残したところを復習致します。そうしてやうやく寝る事が許されます。これは皆、五郎も七郎も八郎も同じです。さういふ生活でありました。

ところが慶喜公はやんちやで意地張りなところがありまして、勇ましい事は大好き、本を読むのはどうも好きではない。廻りの家来達がいろいろに申上げても聞かない。これは罰を与へなければならないといふことで、指と指との間にモグサを置いて灸を据ゑる。「右の食指に据ゑ奉り」と書いてあります。それでも頑として読まない。何度も灸を据ゑられるので、終ひには灸を据ゑた所が爛れてくる、ふくれ上がる。それでも読むといはない。灸を我慢した方がよっぽどよい。「公はなほ悔悟の状もなく、これをだに忍びをほせば、陰気なる書物を読むに及ばねば却つて心やすしと平然としておはしぬ」と書いてあります。結局家来も持て余して、烈公に申上げます。烈公もそれはいかん、そこまでやつて聞かないのであれば、といふので、座敷牢をこしらえさせ閉込めてしまふ。これでやうやく懲りたと言ふ事です。また、朝の、髪を結ひながらの読書時にも、たまたま供の者が座を外しますと、パパッと二三枚めくつてしまふ。これが見つかるとまた灸か座敷牢です。本が嫌ひ、といふより強制的に読まされるのを嫌つたのかも知れませんが、しかし、読んだものはよく覚えて居り、読むのも早かつたやうです。烈公の書簡（茨城県立歴史館蔵自筆書簡）には次の一節があります。

……水術は勿論外文武とも国元とちがひ江戸へ入れ候へば、当人の損になることにて、七郎義はこの方に居り候節は史記十三冊五郎丸に先んじ候ところ、一橋へ行き候ひては大いに怠り、いまは五郎丸義、史記をあげ貞観政要に相成り、これも近日上げ申べきところ、いまに一橋にては史記も上がり申さゞる由、……

これは新井源八に宛てた書簡で、八郎が十歳で、那珂川をを泳ぎわたつたといふ報告に対して、更に教育に力を入れるやうにと申し送つたものですが、烈公がよく子供達の教育内容を把握してゐたこともわかります。公は、一橋へ行きましても、川路聖謨が、一橋様は武七文三といふふうにお見うけするが、文武ともに五分五分になるやう努力されたい、といつてをりますから、十代のころは、どちらかといふと読書よりも馬術や撃剣を好んだやうです。

天保十三年、公六歳の頃は烈公が水戸に就封して居りましたが、その折に諸公子を品評して、「五郎後の池田慶徳は堂上風にて品よく、少しく柔和に過ぎ、俗にいふ養子向きなり。七郎即ち公は天晴名将とならん、されどよくせずば手に余るべし、八郎後の松平直侯は七郎に似、九郎後の池田茂政は五郎に似たり、十郎後の松平武聡は未だ分らず」と言はれたと伝へ、養子縁組の話のあつた際にも、七郎は世子（後の慶篤）の控に手許に留める方針であつたといひます。公は茶目と言ひませうか、強情といひませうか、極めて利発で優秀な子供がとかく大人の規制を嫌がるやうな所が見られますが、しかし、これは、といふ教訓はピタリと守つてゐます。これが慶喜公の特徴です。その一つを挙げますと、供の者から、武士には利き腕、つまり右手が大切である。つまり刀を持つ手です。これを失つてはいけないといふことを教へられます。『昔夢会筆記』の中で、「されば武士たる者は片寝するにも必ず右を下にすべきなり、若し左を下にして熟睡したらむ時に、敵不意に襲ひ来たりて、右の手を執らんには如何すべき、此事よくよく御心得ありて、かりそめにも右を上にして寝させ給ふな」と聞かされると、幼心にも尤もなことであると納得された。そして老後に至るまで右を下にして寝る事を習慣とされたと述懐して居ります。

書物を読まないと申しましたが、二十二・三歳の頃はもうどんな書物もよく読んでをられます。愛読の書は「資治通鑑」「孫子」などでありました。また、自分の不得手なことは進んで克服しようと努力もしました。小さいときの話として、慶喜公は雷が大嫌ひでありました。雷が鳴ると顔色が変はるくらゐに恐がつてゐましたが、お附きの者達が、雷と言ふものは決して怖いものではないと励まします。

近侍の人々雷鳴の理由を説き、恐るべきものにあらざる由を告げければ、公は之に励まされ給ひてや、或日空俄に雲立ちて、雷鳴烈しく、風雨さへ加はりて、物凄じきまでに荒れすさびたるに、公は平日に似ず、恐れ驚き給ふ気色もなく「いでや此雷雨の中にて徒歩打鞠せん、疾く用意せよ」と仰せらる。余りの事に近侍の人々互ひに顔を見合せて、「迅雷・風烈には必ず変ずと申す聖語も候へば、思ひ止まらせ給ふべし」と申しければ、公は打笑はせ給ひて、「卿等が日頃の言葉は何事ぞ、軍の大将たらん者が、合戦に臨み、雷雨なればとて鎗を合はさで止む法やある、いざ来よ」とて、真先に庭に下り立ち、篠つく雨をも、はためく雷をも物ともせず、人々を相手に打鞠の勝負を争はせ給へり、公時に十歳なり、其幼時より克己の気象を具へさせたる、此一事にても伺ひ知られたり。久木久敬談話

この逸話などは、公の意志の強さ、負けず嫌ひを示す一例になりませう。

少年期の公の性質・性格といふものは、概略このやうなものであつたといふことです。一口で言へば、非常に頭の切れる聡明で元気のよい、勇ましいことが好きで、多分に自己主張も強いが、これはといふことは素直に改めようと努力する、意志も強い。かういふ子供は親にとつては頼もしくもあるが同時に心配でもある。烈公が七郎と八郎は教育が大切なり。十五・六歳までは手放し難し、と言はれた気持も分ります。このやうな慶喜公の様子を見て見ますと、藤田東湖先生が、ある点似てゐることに気が付きます。本当に大事を為し得る人物は、少年の時から桁外れの所があるのかも知れません。

さらに公は、十一歳で一橋へ養子に入ります。始めの頃、十五歳位まではお附の者が慶喜公を戒める時には、水戸の御両親様からこのやうなお話が御座いましたといふと、さうであつたか、と素直に聞いたと云ふ事でありますが、始めはさすがに水戸、水戸といふやうな事でなにかと水戸振りが目立

つたやうでありますが、これは一橋の家来にとつては面白くない。そのことに気付いた公は直ちに改めまして、一橋家のしきたり、家風などを勉強して、努めてそれに添ふやうにしたといふことです。

一橋は大名の格式ではありますが、大名ではなく、将軍家の身内の扱ひ、謂はば部屋住みと同じやうな扱ひなのです。独立の大名である水戸家とは大きく立場が違ひます。若いときにこのやうな立場の違ひによる己れの在り方の違ひを学んだことは、後に将軍後見職になつたり、京都守護職になつた時の対応の仕方に影響してゐるのではないかと思ひます。世間には、慶喜公の折々の行動、決断が前後矛盾してゐる、その場主義であり、権力主義である、といふ人があります。慶喜公を信頼した松平春嶽公なども、前に言はれたことゝ違ふではないか、といつて喧嘩する事があります。しかしそれは、一見矛盾するかのやうな言動については、場当り的な御都合主義、変節といふことではないと思ひます。公は、その立場に立てば、抱へてゐるところの問題が直ぐに分る方であつたのではないかと思ひます。さういふ立場・立場によつて、かくあるべし、といふことが分る。一橋家に入つてから、一橋家の人々の心をとらへて行く様子や、水戸家の家風を持込むことをせず、一橋の家風に倣はうとする態度に既に現はれてゐる。大政奉還に至るまでの行動を細かく追つてゆくときに、公の性格として、強情ではあるけれども立場といふものに非常に敏感な性格であつたのではないかと考へてみますと、辻褄が合ふやうに思へます。

一寸脱線しましたが、慶喜公の性質が見どころがあるだけに、烈公もいろいろと心配であつたやうであります。慶喜公の方でも一橋はさういふ家でありますから、子飼の家来がゐない。殆どは幕府から派遣された人々であり、一橋家の家臣の身分は幕臣であります。ですから、親身になつて慶喜公を教訓する人物はゐなかつた。嘉永六年、十七歳。松平春嶽などを初めとして将軍の跡嗣に慶喜公をといふ運動の起り始めた時期でありますが、水戸から誰か然るべき人物を推薦して欲しい。どうも一橋には思ひ切つて物を言つてくれる人が居ない。左様しからば御もつとも、が多い。直言の士が欲しい、といふことを水戸に申し送ります。この時、藤田東湖の推薦によつて、公の側近に仕へたのが平岡円四郎といふ非常に武骨な男であります。面白い逸話が伝はつてゐますが、まさに〝水戸つぽ〟そのものといふやうな人物であります。この人はだんだん慶喜公の信頼を得まして活躍するのでありますが、元治元年六月、暗殺されてしまひます。その後公の懐刀となつたのが原市之進であります。水戸家との繋がりはこのやうな形で続いてをりました。

同じ年十月、烈公は一橋の邸を訪問します。その時に、烈公は自分の嘗て着用した鎧兜を慶喜公に贈ることを約束してをります（本書一七四〜一七五頁参照）。（追補―このやうな烈公の慶喜公に対するさまざまな配慮は、平成九年に『父より慶喜殿へ』―水戸斉昭一橋慶喜宛書簡集―（大庭邦彦著・集英社刊）が刊行されたことによつてさらに具体的に明らかにされました）。

さらに烈公は『銃術問答』といふ一書を著して慶喜公に贈つてをります。これは安政二年六月十九日（慶喜公十九歳）に著されてゐます。

問て曰、拙者是迄某流の砲術を学び候得供、近来世上専ら西洋の砲術行ハれ候間、新ニ西洋流を学び候ハんと存候処、得失如何可有之哉

答て曰、我仏尊しとやらんいへる諺の如く、世の武芸を学び候者、己れが流儀のみ尊候て、他流の善を取候事をしらす、然るに貴殿既に某流を被学、又西洋の流をも被学候はんとの儀、近頃感心の至に候、西洋の術如何にも着実便利の事多候間、国体の本末、制度の異同、風俗の厚薄よくよく合点被致、其上にて彼が長ずる所を取りて我が短なる所を補ひ、我長ずる所をばますます是をふるひ候御志に候はゝ、西洋流御研究の儀至極御尤に存候

といふやうに問を設けそれに答へるといふ形式をとってをりますが、具体的な銃術の問題と共に、この書物で大切な所は、西洋の技術の長じたところを取入れるのは良いが、本来の日本の武士の精神を忘れてはならない。あくまでも自分が基本、日本の国が中心であるとして、独善を戒めると共に「国体の本末」を忘れるな、と述べられてゐます。

「国体の本末」については左の通りです。

問て曰、国体の本末とは如何

答て曰、申迄ハ候ハねども大日本国ハ天照大御神の詔のまにまに、御代々の天皇しろしめされ、天地日月と共に長久の御国に候得は、実ニ世界の大本ニて、海外万国ハ皆末にて候。然るニ漢学ニなつみ候者ハ漢土を学ひ、蘭学になつみ候者ハ西洋を慕ひ、本末取失候もの不少、漢土も西洋

も其君しはしは位をかへ候得共、我朝のみハ天地之初めより幾万年歟経て今日ニ至る迄、神胤一本ニて皇位を続き給ふ事、決而外国に其例無之、されハ三代将軍の御意ニも、御国内之戦争ハ、源平其外互ひに勝負有之候迚も、其者限りニて日本の恥辱ニあらす、日本之土地人民、一寸壹人たりとも外国へ被奪候而ハ日本之恥と被仰候儀、誠に御尤之御事ニ候、されハかりそめニも御国ニ生れ候人々、家中々々は其国主・領主を守護し、国主・領主は大将軍を輔けまゐらせて、天皇を守護し奉り、大日本の稜威を六合ニ耀さんと志し候儀、即ち大和魂ニ候、別而武家之心得第一と存候

これが安政二年六月十九日なのですが（烈公が海防参与となるのはこの八月です）、続けて、銃術の他に、馬を養ふこと、学問をすること、それに政治上の心得について長い文章がありますが、この中でも国体の論といふことを繰り返してをられます。この書物はあとがきに一橋の問合はせに答へて書いて贈つたとありますが、これは文字どほり受け取つてよいか。私は、これは烈公の自作自演で、慶喜公にしつかりと伝へて置きたいこと、水戸の弘道館では、幼くもあり十分には伝はらなかつたこと、これ丈は伝へて置きたいといふことを、この際文章にしたものではないかと思ふのですが、そのきつかけは六月十七日、二日前にあるのではないかと思ひます。この日、水戸の兵学者山国兵部が、一橋邸に上つて慶喜公と戦術や兵器のことを問答してゐます。山国はこの時の問答に就いて、慶喜公がよく物事の本質を見抜いてをられ、質問も鋭く且つ適切であつたと驚嘆してゐるのですが、おそらく公との

問答の概略は烈公に復命してゐると思ひます。この復命を聞いて、それまで纏まつた形では伝へてゐなかつた本当に伝へて置きたいことを、この際文章にして伝へようと考へたのではないかと思ひます。

この年の十二月に慶喜公は結婚します。十月には安政の大地震で藤田東湖が亡くなりますが、翌安政三年には『嚶鳴館遺草』といふ書物が、川路聖謨から慶喜公に献上されます。この本は、尾張の学者で上杉鷹山公に仕へた細井平州といふ人が書いた、政治、財政、教訓、色々なものを含んでをりまして、当時大名が読んで役に立つ書物であつたやうであります。その折に川路は書状を添へて、世情に通じて欲しい、とか文字の学問の方もお願ひしたい、等といつてゐるのですが、なぜ、幕臣である川路が慶喜公に書物を贈り意見や教訓をのべるやうなことをしたのかといひますと、実は、前々から、藤田東湖を通して烈公からなんぞ慶喜の為になるやうなことがあれば遠慮なく言つてやつて欲しいと頼まれてゐたからなのです。それで、大地震で遅れ申し訳ないが、といつてこの書物を呈上したといふ訳であります。川路は当時幕府の勘定奉行で、幕臣の中では十指に算へられる程の人物でありました（この川路と烈公との関係に就いては本書一九九〜二〇二頁参照）。このやうに烈公はなにくれとなく慶喜公のことを心に懸けてゐたのです。

また一方、成長して来た慶喜公からも烈公に対していろいろ意見を云ふことがございました。

例へば、安政四年五月八日には、文明夫人（烈公正妻・慶喜の母）に書簡を呈して斉昭の幕府参与を辞退するやう進言したり、翌年の正月には、斉昭が京都と文通してゐることを止めるやう諫めてゐます。これは当時烈公が、幕府の閣僚達が因循姑息であるのを憤つて、数万人を引率してアメリカに渡航するとか、某老中はけしからんから腹を切らせろ、ハリス（駐日英公使）は無礼であるから首を刎ねてしまへ、等と暴言を吐かれ、また姻戚関係のある京都の鷹司家との文通を通して、幕府の弱腰を叩く為に朝廷を動かさうとしたりされたので、幕府としては非常に困るといふことで、老中あたりから慶喜公に烈公を抑へてくれないかといふ話があつたらしいのです。この頃になりますと『徳川慶喜公伝』に次のやうな記述が見られます。烈公に就いて、「その卓識高論の程は深く欽仰すれども、治国禦戎の術に至りては中を得たりとも思はれず、既に先年国家の大典に触れさせられたりとて、幕府のお咎めを被らせられ、その政は時勢に適当せざるものとなり」云々。烈公の現状への憂ひが嵩じての過激な言動がとかく物議を醸すことを心配してをります。それで、「安政四年、烈公内願の通り政務並びに軍政改革の御用を免ぜられるに及びて、公はかへつて辱けなきことに思し召し、こゝに初めて心を安んじたりと喜ばせ給ひ」云々。非常に心配であつた。そのように幕府の動き、烈公の立場等を冷静に見極めながら、烈公が再び将軍の譴責を受けることが無いやう、案じ、心をくだいて居られたことが分ります。

（註記＝講演は更に続きますが、話柄は前著『水戸光圀の遺猷』の七　義公と慶喜公に詳述してあることと重複するので省略しました。）

なほ、前著に載せなかつた史料一点を追加してをきます。

「明治二十二年五月、瑞龍山の先塋参拝の事あり、公は追慕の至情止め難く、御落涙の様子など、左右の人々も御供に堪へざるさまなりき。此時藤田健にも謁を賜りて「東湖の子か」と仰せられ、其昔東湖に御逢ひ遊されし時の事ども、種々御物語ありて、懐旧の情に堪へ給はず、やがて東湖の墓前に至り、懇に御焼香ありて一拝し給へるさまは、児等が亡父の墓前にて拝跪するよりも鄭重なりしには、健を始めとして見奉る人々思はず感涙に咽びたり。此時水戸家の家令長谷川清お側にありたるが、東湖の外にも、戸田忠大夫等御信用ありし者の墓ある旨を言上せしに「東湖の外はよろし」とのみにて、一向に御構なくして済ませ給ひきと健の語りき。」

（昭和六十二年水戸学講座・平成二十六年二月補訂）

第十二章　史余閑談

一　国旗日の丸の制定をめぐつて

（この一文は、産経新聞の「産経抄」の記事にたいして執筆投書したものである。原文現代仮名遣い。）

平成二十一年八月十九日の産経抄に、「日の丸」が国旗とされたきっかけは「島津斉彬が藩の船に日の丸を掲げたいと幕府に願いでたことだとされる。」とありますが、これは世間に多く流布する誤解に基づく記述で、正確ではありません。かねてこのような訛伝が流布していることを残念に思い、機会あるごとに訂正してきましたが、なかなか訂正されません。産経抄で触れていただいたので、この際、正しい史実を確認していただきたいと思い、この文を認めました。

さて、嘉永六（一八五三）年十一月、島津斉彬が幕府から大船（軍艦）建造を依頼されて、それに応えた届書（鹿児島県史料斉彬公史料1　五六六頁）の中で、「異国船に不相紛ため、白帆毎ニ朱ニて日の丸相印、小旗・吹抜等、別紙絵図面之通、造法は異船之趣ニ取仕立……」と述べているので、これが斉彬公の提言とされる根拠であろうと思います。

但し幕府はこれに対して十二月に許可を与えましたが、付札をして「最も帆印等は、御国之惣印取極（とりきめ）、追て可被仰出候間、可被得其意候（追って仰せ出でらるべく候あいだ、その意を得らるべく候）」と返事しています。これによれば、いわゆる旗ではなく、付札にあるとおり、帆印を意味していることは明らかです。

斉彬が日の丸を日本の印にしたいと考えていたことは確かのようですが、ただし、この文章からだけでは、この時斉彬が国の印として日の丸を考えていたのか、これらの艦船が幕府の依頼によって建造される船だから日の丸を付けようと言ったのかは判然としません（朱の丸は幕府の御用船の印であった）。

一方、幕府に於いても、嘉永六年九月に大船建造を許可してからは、海外との交易を視野に入れれば、大洋の中でも日本国の船であることを主張するためには、御国総船印を制定して、これを国章として内外に宣言する必要にせまられ、種々議論を重ねたようですが、幕府有志の意見はいろいろあるものの、日の丸については、幕府が従来から使用していたものであるからとして否定的でありました。

翌安政元年五月、幕府造船係の勘定奉行松平近直、目付岩瀬忠震、勘定吟味役松井助左衛門の三名が、命によってこれまでの諸説をまとめて再吟味し結論を出しましたが、これは、総船印には中黒を用い、幕府の旗章には日の丸を用い、諸侯は各々その紋章を以ってするというものでした。中黒とは二引両で、源氏の旗印と認識されていました。

同六月五日、老中阿部正弘は、白紺交ぜ布の吹抜を総船標とし、帆には白布に中黒、幕府の船は旭丸の幟を建てるなどの結論を携えて、これを水戸の斉昭に協議しました。当時斉昭は幕府の海防参与でありましたから斉昭の承認を必要としたのでしょう。

しかし、斉昭はこれを不可とし、「日本の日を表し候旭の丸幟を御国の総印に相用ひ、中黒の御印を公儀御船に御用ひ候方御相当に可有之処」、これを逆にするのは如何か。水戸藩でも座船にはもともと日の丸を用いてきたが、日の丸を御国の総印とすると決定されれば、惜しいこととは思うが日の丸を用いることは止めて、引両か葵紋でも用いるつもり、と回答している。しかし、大目付勘定奉行などはなお旧慣にこだわって幕府の船に日の丸を用い、総船印は中黒とすることを主張しますので、斉昭は六月二十九日、及び七月一日、七月四日と再三にわたって幕議に反対して日の丸を推したので（幟旗の絵まで描いて、それに「日本惣印ハ日ノ丸旗ニ御定之事」と書き付けています）、ついに七月九日、幕府は「日本総船印ハ白地日の丸幟相用候様」との通達を出し、ここに外国に対して日本を表彰する印は日の丸と決定したのです。

以上のことは、『水戸藩史料』上編乾の四四七頁以下に詳しく記述されています。以上の経過を見れば、日の丸がやがて日本国旗となったのは、ひとえに水戸の斉昭の意見によるものであり、当時斉昭が海防参与であったことが決定的な要素であったことが分かります。

江戸時代は、一切の国政にかかわる政治的な決定はすべて幕閣の処断するところであって、三家・

三卿といえども原則として口を入れることは出来ず、まして外様の大名の意見が重視されることはありえないはずです。したがって、斉昭が若しも海防参与として幕議に参加する資格を与えられていなかったら、日本の国旗は黒の二引両になっていた可能性もある。斉彬が日の丸を日本の旗印にしたいと念願していたことは事実のようですが、日の丸が日本の旗印となったのは全く水戸の斉昭（烈公）の力であるというのが本当の史実であり、上記の斉彬の届書が日の丸制定のきっかけになったというのは言いすぎ、もしくは贔屓の引き倒しではないかと思います。（以下省略）

二　先人の名の読み方二・三

菅政友博士は水戸の生んだ明治期の史学者として人名辞典や歴史辞典にも載せられて著名であるが、その姓名はカン　マサトモと表記されてゐる。最新の歴史辞典である吉川弘文館の『国史大辞典』もさうなつてゐる。これは従来先輩達がかう読んできたからであるが、ところが数年前、史料調査の折、偶然発見した栗田寛博士の祭文に、津田信存と並んで菅政友の名があり、それにマサスケと振り仮名が付いてゐることに気附いた。信存にはノフカツと振つてある。筆跡はまさしく栗田博士の自筆であり、振り仮名も同筆である。さうすると、栗田博士と菅博士との関係からして栗田博士が誤る筈はなく、神官が祭文を奏上する時に正しく読めるやうにと振り仮名を付けたものであらうから、政友はマサスケが正しいと考へられる。

このことを、茨城県立歴史館県史編纂室の宮沢室長、久信田主任研究員（所属・職名は当時）に話したところ、こんな史料があります、といつて見せられたのが、政友自筆の改名届（下書カ）であつて、それには、

菅亮之介

改稱　政友《マサスケ》

右之通ニ御座候　以上

申六月

とある。やはり読み方はマサスケであつた。この史料は県史編纂室が調査した菅家文書の中に在つたものである（これと壬申戸籍との関係は不明）。

ちなみに、栗田博士の寛はヒロシでよく、子息の勤はイソシであることは、例へば元石川の郡司家所蔵の自筆書幅などで確認出来る。

人名の読み方――人名ばかりでなく歴史上の様々な表記の読み方を含めて――はなかなか厄介な問題である。博物館の仕事をしてゐると必ずといつてよい程、漢字に振り仮名を付けることを要請される。これはまことに悩ましい問題なのである。

元号の問題にしても、明治に文部省が読み方を一定したことによつて、あたかもその読み方が正しいと思はれがちで、便宜上はそれで良いのであるが、山田孝雄博士に『年号読方考証稿』があるやう

に、実はさまざまな読み方が為されて来てゐる。

江戸時代の元号で萬治といふ元号があるが、これはマンジと読まれてゐる。山田博士の同書でも、博士の調べた限の日本の資料は全てマンジまたはマンヂであるが、ケンペルの『日本志』には bantsi とあることが指摘されてゐる。実は義公（水戸徳川光圀）の婦人泰姫を祀つた祭文には、「維レ萬治二年」のところにバンジと仮名が振つてある。漢音からすればケンペルのバンチが正しい読方になるが。この史料は、里見村生熊家所蔵の史料であつて、義公自筆のものである。元号は京都で定められ江戸へ送られてくるが、その書面には振り仮名は付いてゐないといふ。読み方は統一されてゐなかつたやうである。

義公婦人泰姫も、従来、ヤスヒメまたはタイヒメ、尋子はヒロコと読まれて来た。尋はその父近衛信尋（応山公）がノブヒロと読まれることからの類推であつたらうが、彰考館文庫に名乗書があつて、それには、「近衛信尋息女たい公」とあり、また、尋子にはチカコと振り仮名が付けてある。これによつてタイヒメ　チカコと読むべきことが分つた。このことは拙著水戸の人物シリーズ2『光圀夫人泰姫と左近局』に写真を付けて既に記しておいた（前記義公祭文も同書に載せてある）。

義公時代の藩士に力石忠一が居る。『新編鎌倉志』の完成者であるが、この忠一はチウイチかタダカヅかと迷つてゐたが、これも、板本の『新編鎌倉志』の力石の序文に振り仮名が付けてあることに気附いた。「今焉忠一、尋承厳」とあるところにタ、カツと振つてある。本人の文であり本人の生存中の出版であるから、これは誤りなしとしてよいと思ふ。

安積覚兵衛澹泊はカクベエであるが、澹泊の祖父は小笠原忠政の家来であつたが、ある戦の働き目覚しく、主君から戦功を称せられたことを誇として覚の文字を採つて覚兵衛と称した。後、暇を乞ひ飯土用の旧姓に復してゐたが、威公（水戸徳川初代）に召し出された時に問はれて改姓の仔細を述べたところ、「威公笑テ曰、我今召出ス所ノ者ハ安積オホエ兵衛ナリ、其他ハ問フ所ニ非スト、是ヨリ又安積氏ニ復ス」と『水府系纂』は伝へてゐる。父親の通称は介之允であり、澹泊は祖父の通称を受け継いでゐる。先祖の名乗をそのまま受け継ぐことは商家などでよくあることであるから、ひよつとして、と思つてゐたのだが、やはりカクさんで良かつた。といふのは、例へば『大日本史編纂記録（雄往復書案）』（京大）の二百二十二にある遣迎院応空書状の宛て名に、覚兵衛・角兵衛両様の記載が見られることから、音はカクであつたことが知られるからである。ちなみに、読み方ではないが、カクさんと並び称されるスケさんは助か介かと云ふ事。江戸時代は一般に音が同じならば通用させ、本人も同音ならばどちらでもよいみたいなところがあつたらしく、特に特定しなくても良いのかもしれないが、那須国造碑の修復に際して大金重定に送つた自筆書簡（栃木県指定文化財）は、全て介三郎と署名してゐる。

時代は下つて、藤田幽谷の門人の中に、川瀬教徳といふ人がゐる。改革の実現の為に身を捨てゝ左遷を望んで京都勤となり、天保の飢饉を予測した烈公の命を受けて京畿の間に米を買付けて水戸に送つたりと、随分働いた人物であるが、この読み方が分らなかつた。ところが『新定東湖全集』に収められてゐる「東湖遺稿」巻六に、

「川瀬のりたかの身まかれるよし　よつきの教忠の許よりつけおこせければ
なき人ををしむ涙も空蝉の　世にかかりてそ落ちまさりける」

とあるのに気が付いた。教徳はノリタカであつた。

同じ時期、改革派の一人であつた松述年（元之）は定雄とも書き貞雄とも書く。これは同じ音だから混同したのではない。はじめは定雄と書き、後に貞雄と改めたのである。それは松述家に伝へる史料の中に、烈公の書き与へた名乗り書（烈公の自筆花押あり）が在り、子孫の方の注記に、定雄の文字を忌むことありて云々とある。残念ながら年月不明であるが、定から貞へ変へたことは間違ない。

最後に、水戸とは関らないが、土井晩翠（林吉）はドイかツチイかに就いて、面白い一文を見つけたので紹介をしておきたい。これは茨城県寮歌祭第20回記念誌『春永劫に』に寄せられた古屋文彦氏（二高理乙　昭7卒）の「恩師を偲んで」の一節である。

「私の二高時代はつちいばんすいと呼んでいた。しかしその後「世間がどいというから昭和九年からどいに改めた」と何かの本で先生が語つたのを覚えている。だから今でも《(はカ)》どいばんすいでよいのである。」（原文のまま）

（追記）平成七年四月三十日、古河市の篆刻博物館を訪れた。入り口にある解説板の「生井子華」に「なまい」と「いくい」と二つの振り仮名が付いてゐた。案内嬢に質したところ、「本当はナマイ（井）ですが、世間でイクイといふので、それでも良いと先生に言はれたさうです」とのことであつた。土井と同じで面白い。

（「水戸史学」第四十二号）

（再記）その後にみつけたものを追加しておきたい。

会沢伯民（正志斎）の名は恒蔵であるが、これはコウザウではなくツネザウらしい。それは吉田松陰の「東北遊日記」嘉永四年十二月二十一日条に「二十一日　晴　会沢憩斎を問ふ。即ち常蔵なり」とある。

また、原任蔵はニンザウではなくジンザウらしい。同じく嘉永五年正月十七日条に「夜　根本及び原甚蔵来話す」とある。この二つは確実ではないが、記して置く。

また、藤田健（東湖の嫡子。明治になつて諸寮助などを拝命）の著した『血涙余滴』といふ書物があるが、藤田彰家に所蔵する一本には、本書に登場した人物を紹介した藤田武雄氏（健の三男で、健の弟の任――大三郎――の養子）の付箋が付いてをり、それによると筆者の健氏については「すすむ」と振り仮名があり、また、「健は幼名建二郎、字彊卿、天行と号す」とあり、その建には「たけ」と振つてある。

この藤田家に就いては、昭和十年、茨城県立高等女学校（現茨城県立水戸第二高等学校）に於て、数次に亙つて豊田芙雄から得た聞き書きが残されてゐる。それによると、東湖の子達は順番に徳（とく）、健（ススム）、任（アツシ）、信（マコト）、功（コト）、孝（コウ）《マヽ》、清（スガ）である（徳と下の三人は女子）。

また、同聞き書きによれば桑原信毅はノブタカとある。信毅は東湖と親しく、豊田芙雄は桑原信毅の娘であり、藤田健の妻は芙雄の姉の立子であるからこれらは間違のないものと思ふ（平成二十六年二月再記）。

三　朱舜水「楠正成像賛」の読み方――その「著」と「麗」について――

問題の所在

朱舜水の「楠正成像賛」の一文は、水戸義公が湊川に建立した「嗚呼忠臣楠氏之墓」の裏面に彫られて普く人の知るところであるが、その賛の始めの十一文字「忠孝著乎天下、日月麗乎天」の読み方には、いま一つ釈然としないものを感じて来た。

従来は、「忠孝ハ天下ニ著ハレ、日月ハ天ニ麗ヤク」と読むのが一般的であつたと思はれる。即ち、「著」は「あらはれ」と読み、「麗」は「かがやく」と読んで来た。尤もこの「麗」は木下英明氏によれば、先輩の読かたの分れるところであつて、「かがやく」「うるはし」「あざやかなり」などと読まれてゐるといふことであるが[1]、これらは読み方はともかくも意味はほとんど変らないと言つてよい。

しかるに木下氏は、安東年山の『年山紀聞』に在るこの文の「麗」の字に「つ」と振り仮名があるのを発見し、次いで佐藤進博士の『水戸義公伝』に「日月天に麗く」とあるより、「つく」と読むのが所謂水戸流であると判断され、『易経』離卦に「日月麗乎天、百穀草木麗乎土」を援いて、この「麗」は経、著、着の意であつて、「かがやく」といふ意味に取るべきではないと主張された。(2) これは傾聴すべき見解である。さらに氏は、此の部分の通釈（大意）を「人の世に忠孝があるのは、天界に日月あるに等しい」とされたが、「忠孝（ハ）天下ニ著ハレ」といふ読み方はそのままに踏襲されてゐる。

何故、今更のやうにこれを問題にするかといふと、「あらはれ」「かがやく」と読むと一句の意味が「正成の忠孝の精神は天下に顕著であり、その見事な事は天上に日月の輝くごとくである」などのやうに、正成を褒め讃へる意味に取られかねない。しかし、木下氏のやうに解釈すれば、全く違つた意味になるからである。

以上を踏まへた上で、改めて「著」と「麗」の読み方について考へて見ようとするのが本稿の主題である。順序は逆であるが、先づ、「麗」から考へることとする。

朱舜水が「日月麗乎天」と記した時、『易経』の文に拠つたであらうことは、意識すると否とに拘らず、まづ疑ひは無いと考へて良からう。とすれば、先づ『易経』を見なければならない。

いま、『新釈漢文大系』二三の『易経上』によれば、「離」の卦は、「彖曰、離、麗也。日月麗乎天、百穀草木麗乎土。重明以麗乎正、乃化勢天下。柔麗乎中正、故亨。云々」とあり、今井宇三郎博士は註して、〈かくの如く諸注に「離」を「麗」（附・著）と訓じたのは彖伝に基づいている。「離」を「つく」（麗）と訓ずるのは、通訓の「はなれる」（離）の反訓であり、「乱」の「みだれる」に「おさまる」（治）の反訓あるのと同じである〉とされ、「日月麗乎天云々」の句を「日月は天に附いて、よく久しく照し、百穀草木は土に附いて、よく広く生ず。その附くべきところに附いてその正道を得ている」と語釈してゐる。確かに『易経』の「麗」は。古来「つく」と訓み、附着の意味とされてきた。してみれば、木下氏が水戸流と考へられたやうな特殊な訓みではなく、この六文字は、当時の学者にとつては『易経』からの借用であることは一目瞭然であり、当然のことながら「着」の意味を持つが故に「つく」と訓むことは常識であつたと考へて良からう。

では、その他の辞書について更に検討してみよう。

「麗」字の意味

『大漢和辞典』の「麗」について、いま関係する箇所を抜き出せば、

□①に、つらなりゆく。ならびゆく。〔説文〕麗、旅行也、鹿之性、見レ食急則必旅行、从二鹿丽一。

□㊅に、つらなる。〔易、兌〕麗沢兌。〔註〕麗、猶レ連也。

□㊆に、つく。つける。〔集韻〕麗、一曰、著也。〔易、離〕離、麗なり。〔注〕麗、猶レ著也。

（以下省略）

とある。則ち、「麗」は、同じ易経に於ても、「連」「著」両用に用ゐられてをり、また「麗天」といふ熟語を挙げ、「レイテン、空にかかる」と註してゐる。

語原的にはどのやうに考へられるかを、白川静博士の『字統』と、藤堂明保博士の『漢字語源辞典』によつて考へると。、先づ『字統』には、

「レイ・リ　かかる・うるわしい・ならぶ。字の上部の丽が麗の初文で、鹿皮を並べた形とされるが、卜文・金文は鹿角を主とする字とみられる。〔説文〕一〇上に、「旅《なら》びて行くなり、鹿の性、食を見ること急なれば、則ち必ず旅び行く」といい、丽声とする。丽は古文の形。（中略）字形が鹿角を主とするものとすれば、字の初義は、〔詩、小雅、魚麗《ぎょり》〕「魚、罶《あみ》に、麗《かか》る」、〔周礼《しゅらい》、大《だい》司寇《しこう》〕「凡そ万民の罪過ありて、いまだ灋《ほう》（法）に麗《かか》らざるもの」。また、〔礼記、祭儀〕「既に廟門に入りて、碑に麗《つな》ぐ」などの用義が字の初義に近い。（以下省略）」

とある。

『漢字語源辞典』には、「麗」は二つの項目に含まれてゐる。一つは、零・麗・歴は同じ単語家族であり、その基本となる意味は「数珠つなぎ」であるとし、麗の原字は丽であり、「あるいは二本並んだ鹿の角かもしれない」と述べる。「麗」字については、『字統』に引用した『説文』の文をひき、

「シカは群生して、じゅずつなぎに動く習性があるので、鹿を加へた。〈左伝、桓五年〉「魚麗の陳をなす」注・・あい比次するなり。〈周礼、校人〉「麗馬一圉」注・・耦なり。のように、二つ

以上があい連なる意に用いる。澄んで美しい意は、その仮借用法であ（る）」とある。因に、耦は二人並んで耕す意で、偶と同じ。そこから「ならぶ」「つれあい」などの意が生じた。

もう一つは、「澄んできれいな」といふ意味を持つ単語家族「令・冷・霊・麗」の仲間に含め、「原義は次項（上記「数珠つなぎ」の意味を持つグループの項目）を参照。ただし、〈戦国策、中山〉「佳麗の人の出ずる所なり」のような用法は、lieg（澄みきつて美しい）に当てた仮借的用法で、後世にはむしろこの仮借用法の方が一般化し、原義はかえつて忘れられた。」とある。

三者の解説には矛盾は無く、内容は同じと見てよい。とすれば、「麗」の訓みは「つ」であつて、原義は「つらなる」「ならびゆく」「かかる」であり、魚が網に「かかる」、あるひは法に「かかる」とは、やはり何疋もの魚が網に刺さつて連なつてゐるやうな様子を示してゐるのであらう。「かがやく」は仮借用法であつた。

「著」字の意味

次に「著」字について検討して見る。

『字統』によれば、著は、

「チョ・チャク　つく・あらわす　声符は者《しゃ》（者）。者は堵《と》・書の従うところで、呪祝をそこに含める意である。著名のときはチョ、附著のときはチャク、着はその用義のときの俗字。（中略）本来は者の声義を承け、そこにある意図が明らかにされる意味の字である。著と着とは、字の慣用上に区別がある。

『漢字語源辞典』には、単語家族は、土・都・奢・書・貯・石・宅とし、共にその原義は「充実する、ひと所に集まる（定着する）」であるとする。著については、

「〈漢書、張湯伝〉に「故に著わさず」とあり、注に「著とは之を史に書すなり」とある。著と書とは、事柄を筆で定着させる、つまり書きつけるといふ点で、同系のコトバである。〈一切経音義〉に引用した〈字書〉に「著とはあい附着するなり」とあるのは、原義を伝えている。着はその俗字」

とある。

『大漢和辞典』も『字統』と同じで、「チョ」の音の場合は「あきらか」「あらはれる」などの意味を挙げ、「チャク・ジャク」の場合は「つく」「つける」を挙げてゐる。つまり原義は「定着する」「あい附着する」、平たく云へば「ぴつたりくつつく」意であり、発音によつて意味を異にするやうになつた、とみられる。

以上によつて、「麗」は「連なり行く」を原義とし、「連立つ」さまから「つく」意を生じ、「かが

やく」意は発音からの仮借用法であり、「著」は「ぴつたりとくつつく」意を原義とすることが諒解された。

用例

さて、文字の意味は明らかになつたものの、朱舜水が、実際にこれらの文字をどのやうに用ゐてゐるかが実は問題であらう。勿論、『説文』も『易経』も学んでゐるであらうから、今更めくが、中華書局出版の『朱舜水集』[4]に拠つてその用例を抜き出してみた（書簡は除く）。見落としもあるかもしれないが、「著」については八例（著書、著述等の熟語は除く）、「麗」については四例を得た。以下にそれを挙げる。（「　」は集中の文の題名。）

【著】

1　「答野節問三十一條」

危坐者踵著尻、以趾著地也。

2　「答安東守約問三十四條」

用古文不化著跡、缺清爽、缺有意致。

3　「答小宅生順六十一條」

其他或以理學名家、或以詩辭擅聲、未足可以著稱貴國者、

4「立菴記」
誠使德澤被於生民、而功烈著於天壤、
5「曲學齋記」
蓋前人之學也已成、所以著之卽爲敎。
6「批古文奇賞四十九條」
ア（郭璞客傲）亦以才高位卑、爲著客傲所不解也。
イ（王羲之蘭亭記）絕不拈著題目。
ウ（陶淵明孟嘉傳）固自有難著手處。

【麗】

1「批左傳五條」
開紛華靡麗之端、忘不共戴天之仇、
2「漢唐宦官論」
ア　若夫癭麗於頸、而附於咽、
イ　況有自內自外、無賢無愚、無貴無賤、共爲附麗者哉。
3「十宮圖序」
取呉宮之最麗者以殿於其末。

以上であるが、「著」について、1と5、6のイ・ウは明らかに「つく」(着)の意であるし、3と4は「あきらか」「あらはす」の意味であらう。また「麗」については、1と3は「うつくしい」「かがやく」の意であらうが、2のア・イは共に「つく」(附着)の意味である。

「麗」「著」の訓み方

以上、文字の原義からも、舜水の用例からも、「麗」は「かがやく」意味では無く、附着の意味で「つく」と訓むことが出来、木下説すなはちいはゆる水戸流の訓み方は、それ自体特異な読み方ではなく文章の意味の上からも首肯出来るものであることが分つた。

それでは、「忠孝著乎天下」の「著」の訓み方は「あらはれ」でよいのであらうか。碑陰の文の始めをいま一度確認すると、

「忠孝著於天下、日月麗乎天、天地無日月、則晦蒙否塞、人心廢忠孝、則亂賊相尋、乾坤反覆。余聞楠公諱正成者、云々」

である。この文は一見して明白なやうに、出だしの二句・十一文字が、現世の秩序の根本はこれであるといふ断定の言葉であり、「天地無日月」から「乾坤反覆」までによつてその断定・主張の正しさを説明してゐるのであつて、楠公の業績についての評論・評価ではなく、一般論であり、本論のテーマともいふべき一文であると見るべきであらう。かうした作文の手法はよく見られるところである。

従つて、「忠孝」と「日月」は並べて対比されるものであり、「忠孝著乎天下」＝「日月麗乎天」、即ち、意味的には「著」＝「麗」と考へるべきである。故に「著」は附着の意味で「つく」と訓まれるべきであらう。ちなみに、舜水が忠孝の徳を重んじたことは、『安南供役紀事』の中に「蓋忠孝者、天下之大節、而簒逆者、千古之罪魁、故凡含生負気之倫、莫不共明斯義。」と記してゐることにも明らかである。

以上の考察によつて、当該の文は、

「忠孝ハ天下ニ着（つ）キ、日月ハ天ニ麗（つ）ク」

と訓むことによつて文意が正しく理解されることが主張出来たものと思ふ。

しかし、更に考へてみると、どちらも「つく」と同音に訓むのはいささか面白くない。「著」はともかくも「麗」を「つく」と訓むのは馴染が薄い。しかも、「著」ハ「麗」ナリといつても、両者の文字の持つニュアンスの違ひがある。「著」は「ぴつたりとくつつく」イメージであるが、「麗」は密着では無く「離れられない」といふイメージであらう。考へてみれば、日本語に於ては日月は天に「かかる」ものである。而してこの言葉は、日月が、千古変らずに天空を相並んで運航するさまをイメージしてゐる。それが、『大漢和辞典』が「麗天」を「空にかかる」と説明する理由であらうし、それが日本語として自然であると思はれる。「麗」を「つく」と訓ませるのは、いささか漢学に偏したともいへやう。よつて、結論として、

「忠孝ハ天下ニ著（つ）キ、日月ハ天ニ麗（かか）ル」と訓むことを提唱したい。さうすることによつて、日本語としても自然であり、読んでそのまま理解でき、しかも両字のニュアンスの違ひも活かせるのではなからうか。

文意は当然、「忠孝の徳（道）はこの人間界にとつて離るべからざるものであり、それは日月が天にかかつて千古照しつゞけてゐるのと同じに不変の真理である」といふ意味にならう。なほ、朱舜水の「天下」の用法に特別の用例は見当らなかつたので、この件の検証は省略する。

（「水戸史学」六十六号）

註

（1）『水戸史学』二十二号所収「朱舜水の楠正成像賛」について

（2）同右

（3）水戸の人物シリーズ5「文恭先生朱舜水」（平成元年水戸史学会発行）

（4）一九八一年第一版。上下二巻本。出版説明には「《朱舜水集》是北京大学教授朱謙之先生一九六二年整理出来的。他把稲葉君山編《朱舜水集》的全部 内容重新加以編按排、並拠中日幾個板本做了校勘、云々」とある。

四　烈公のひげ

烈公の肖像画は何点かあるやうであるが、瓜連常福寺にある萩谷遷喬のものは、衣冠束帯姿で、おそらく義公（光圀）の肖像に似せて画かせたものと思はれるが、若く画かれてゐて、これにはひげがない。水戸彰考館蔵として『水戸学精髄』（関山延編）に載せてある肖像写真や水戸弘道館に展示してある肖像の写真には、ひげがある。（本書一一〇頁肖像参照）

『東湖先生書柬抄』と題する写本は、東京大学図書館の蔵本であるが、茨城県立歴史館にその写真版が架蔵されてゐる。欠巻があるが、『東湖先生書柬抄』と題するものが五冊、『東湖先生書簡類抄』と題するものが二冊、併せて七冊、筆録者は不明で、全巻に「長久保家蔵」の朱文長方印を捺す。明治年間に蒐集されたものであることは間違ないが、内容はかなり雑多で、筆録者が寓目したものを順次記録したもののやうに思はれる。大部分は同一人の筆と見られ、いはゆる東湖流を主とした書体で記されてゐるが、かなり読み難い。誤読もあるかと思はれるが、写真版によつて、以下にこの中の二点を紹介したい。烈公のひげに関するものである。（引用には通行の字体を用ゐた）

Ⅰ　小野賢兄　几下　　　　彪

別啓　過日ハ縷々御書中奉謝候　扨いそぎ候故当用のみ左ニ得御意候　君公御ひげ之事　定て公よりも政府より御打合申候半　右は去去年　太田備州殿在役中御書ニ而御内談被遊候処　備

州殿転役　其後越州殿へ御催促被遊候へハ　一度評議致候処　御前髪ハよろしく御ひげハ悪しきとハ不申上候へ共　御三家様方御異体ハ先ツ御見合被遊候方と　越州殿よりも申上　尚又太備州へ被遣候分の御請ハ　堀田殿執事ニ而前書同様の意味に被申上候　其節速ニ老中の中上ニ御従ひ被遊候方との思召ニ而そり被遊候旨　又々閣老衆へ被仰遣候義故　実ハ又々御内談被遊候ハ　乍恐中位のわけニ相成居候　其後又々御ひげ御立被遊候処　此度御参府前　悉く御そり被遊候を御惜被遊　又々被仰立の御振合ニ相成候段　御委曲御承知の通ニ御座候　依而ハ此度御談振　余程御加減ものニ御座候　先ツ御用難殊《カ》ニ前書の引張も御座候間　物集女兵馬へ御逢御ひげ之事御咄　一昨来専一ニそり候を　又々御内談も如何に候へ共　いづれニもひげへ髪剃をあて候へハ　骨槽風へ被相障候ニ付　家老共心配致シ　能々承合候処　淡路南部等云々の見合も御座候由に候へハ　相成候ハヽ、其ままニ而参府等も被致度旨御談　尤夫ニ付御聞置ニ相成候事に候ハヽ、　表向相段《ママ》可申　扨ひげと申候而ハ関羽のひげの様思召も難計候へ共　誠ニ微少の義ニ付　一寸見候而ハ分り兼候位の鬚故　敢而異体と申程にハ無之　中々淡路のひげ等とは次第相違致候旨をも程能御申取　どの道無事ニ相済候様御尽力御尤ニ御座候　度々御意被為在候故　思召尚又執事衆等心組斟酌　此段得御意候　薄暮乱筆御推覧可被下候　已上

正月十九日夕　（天保十四癸卯の歳）

Ⅱ　人見様　　　　　　　　　　　復　　　　　　　　藤田

（前略）

一　御鬚髯一件　縷々被仰聞候趣　委曲事情如視相分り申候　貴簡之通り御腮の下へ計に候へハ　公辺之方も御よろしく奉存　随分尽力申上候処　公の御主意ハ　元来御上歯の御痛より御起し被遊候御義之処　御腮の下のみ相済候而ハ　譬へハ御手の痛みニ御足を御療治被遊候如くニ被思召候間　やはりすまぬまでも御願被遊候思召にて　年寄衆へ御下知被為在候

但御鼻之下ハ剃　御口ノ左右へ少々　並ニ腮の下へ云々ト申文義に相成候筈ニ御座候　御口の左　右与申候而ハ　乍恐御貧乏ひげニて　格別御目立も無御座候得共　如何可有之哉　何卒尊慮の通り御済口ニ仕度候　右ニ付而も御心配奉察候

一　淡路守並南部の例をも御申立之義　物集女申候由之処　諸侯のを御例に御出し被遊候ハ不宜候間　先頃御城へ被付置候又左衛門へ御指図之趣は有之候得共　外諸侯之例を書面ニて差出候義　其筋調方差支候間　例書ハ不差出候旨　委細口上ニ而申出候筈ニ相成申候　右畢て御意候ひげの事　万一公辺御目付へ懸り候節　前書之通御目付方不帰服にて故障申間敷ものにも無之候　依而ハ右の被遣抔の一条　御城付尽力ニ而引戻し　御目付方にて安堵之上ニハ差出し被遊度との御事故　御ひげの御遣ハ貴兄へ御打合申候上　取計之様筋より相運候間　右心得にて引戻方御尽力の義　肝要ニ候　刻限過ニ罷成り　草略以上

二月四日

以上の文意は一読明瞭と思ふが、少しく解説を付ける。Iの文中、太田備州は太田備後守資始（天保五年四月～十二年六月老中）、越州は水野越前守忠邦（文政十一年十一月～天保十四年九月・弘化元年六月～弘化二年二月老中）、堀田殿は堀田備中守正篤（天保八年七月～天保十四年閏九月老中）（『柳営補任』）。また物集女兵馬は水野忠邦の家臣（用人であらうか）であることは、この書簡集の他の書簡から知られる。日付の下の天保十四年云々の書入れは筆録者のものであらう。

天保十四年夏四月、将軍家慶は日光に参詣、烈公は供を率ゐてこれに扈従した。将軍家からの褒賞に与つたのはこの時で、その帰藩は六月である。其後の参府は翌天保十五年（弘化元年）五月、嫌疑を受けて急ぎ江戸に上り、そのまま隠居謹慎を命じられたのであるから、とてもひげどころの話ではない。

烈公は天保四年三月、水戸に下り、同五年四月参府、同十一年正月再び水戸に下り、十二年七月、在国五・六年延期の許可を得てゐる（『烈公行実』）。天保十四年の参府は臨時の措置であつて、社参とそれに伴ふ諸種の行事の終了次第に水戸へ帰る予定であつた。従つて書簡の日付だけから見れば天保五年の可能性も無いとはいへないが、藤田東湖が側用人永詰となつたのが天保十一年正月のことであるから、筆録者の記したやうに天保十四年の書簡としてよいであらう。

また、骨槽風は、『大漢和辞典』には、「病の名。耳の前連、及び腮頬に起る。筋骨が痛み、日に腐潰し、膿汁が腮を穿つて出る。一名穿腮発。（医宗金鑑）」とある。これは、あまり有難くない病のやうであるが、烈公がこのやうな病で苦しんだとか悩んだとかいふことを聞かない。とするとこれは口実かとも考へられるが、Ⅱに「上歯の御痛より御起し」とあるのを見れば、あながち純然たる口実と許りもいへない。川瀬教徳宛ての烈公書簡（前引慶応義塾大学蔵）天保八年の暮の書簡に、「玉子のふわ〳〵抔申しつけ候て食候は舌へも当り不申、又補ニも可相成歟、我等も歯悪敷相成候故、巳年在国中より初り、一日として玉子のふわ〳〵用不申事無之候へ共、あきもいたし不申候へハ右玉子抔ハよろしかるべく候」とあり、巳年は天保四年であるから、早くからやはり歯痛が在つたやうである。ただ、骨槽風といふ程のものではなく、歯槽膿漏とか虫歯とかの類でもあつたのであらうか。ちなみに、腮はアゴ（顎）である。「淡路南部抔云々」といふのはどういふことか不明であるが、その後の方に、「淡路のひげ等とハ次第相違」とあるのは、烈公の立てゝゐるひげが「誠ニ微少」で「一寸見候而ハ分り兼」る程のものであつて、淡路のひげのやうに目立つものではない、といつているやうに読み取れ、また、Ⅱの後半では淡路守・南部を前例として書面に載せて申出るのは控へるとあるので、淡路・南部共に目立つひげを立てゝゐたのであらうか。この南部は盛岡二十万石（当時）の藩主南部利済であらうか、淡路守は調べが届かない。

Ｉの書簡の内容は、天保十二年（烈公四十二歳）の折にひげを蓄へる許しを老中に書面で内々に申出た。太田が老中を辞めた後、水野忠邦にその返事を催促したところ、老中の評議で、「いけないとは言へないが、御三家のことでもあり、異体は御見合せ願ひたい」との意向であつた。前に出した書面に対する返書は、同じく老中の堀田正篤の名で、同様の内容であつた。そこで烈公はきれいに剃つてしまつたが、また伸ばしてゐた。このことは貴殿（小野）も御存じの通り。しかし、今度将軍の日光社参といふことで参府が決つたが、さうなるとまた剃らなければならない。それは残念であるので、なんとか許可を貰ひたいと再度内談するのである。そこで、水野の用人（?）である物集女兵馬に逢つてこのことを話し、実は骨槽風で剃刀をあてると痛むので、なんとか諒承して貰ひたい。それに、ひげといつても極く目立たぬやうにしてあるので、異体といふほどとも思はれない程度のひげであるから、といふことで、ことが巧く運ぶやうに御取計ひ願ひたい、といふことである。

Ⅱの書簡には、特に注釈を必要とする文言も無いやうであるが、御鬚髯とあるのは普通にひげ位の意味であらう。文字に拘れば鬚はあごひげ、髯は頰ひげであり、髭が鼻の下の口ひげといふ文字である。

Ⅱの文面からは、幕府の意向は、あごひげだけなら認めようといふことになつて来たが、烈公が承知しない。そこで、藩の老臣達は烈公の意を汲んで「御鼻之下ハ剃、御口ノ左右へ少々　並ニ腮の下へ」といふ妥協案で、なんとか認めて貰ひたいと申出ることになつたことが分る。但し、東湖は、口の左右のみといふのは所謂貧乏ひげで、目立たないといへばさうであるが、どうもみつともないと思ふがどうであらうか、とまれ烈公の御望みのやうに解決したい、いろいろと大変なことと御察し申上げます、と申し送つてゐる。「被遣」については何のことか不明である。

この結果については史料が無い。ただし、肖像画に見るひげは、「御鼻之下ハ剃、御口ノ左右へ少々　並ニ腮の下へ」となつてゐるやうに見える。

それにしても、ひげを立てるかどうかについてまで幕府の許可を必要としてゐたとは、驚きである。常識的には、大名の儀礼に関することは大目付の担当であるから、老中筆頭に内容を伝へて尽力を願つたのは、所謂根回しである。正式には目付の議を必要としたことは、Ⅱの後半から考へられる。賄賂こそ用ゐなかつたが、烈公においてもこのやうな策が必要であつたことを思へば、側用人といふ仕事も、まことに気骨の折れる仕事である。弘化甲辰の変に際して、東湖が腹を切らうとしたのも頷ける。

また、ひげを生やすのは異体であるといふ判断が示されてゐることは、日本人の美意識を考へる上で面白く思ふ。明治以降の一時期におけるひげの流行は、一時的な西洋かぶれの現象であつたのであらうか。

（平成十六年八月三十一日稿・『水戸史学』第六十一号）

あとがき

水戸学つて何だ、と改めて問ひかけることは無意味であらうか。

嘗て大東亜戦争の敗戦までに教育を受けた日本人の中で、小学校の低学年は知らず、藤田東湖の「正気歌」を知らぬ者は少数派であつたらう。

それは、尾藤正英氏の、「それは明治国家を支える観念体系の一部をなして、近代日本とともに生きつづけた思想であって、単に幕末の一時期だけに社会的影響を発揮しえたとみるべき性質のものではなく、ましてこれを専ら幕藩体制の維持をめざした「後向き」の思想であったとみることはできない。維新史の上では、水戸学が政治運動の指導理念となりえたのは、幕末の政争の中でも前半期においてのみであって、後半期に入ればその指導力は急速に失われる、という風に説かれることが多いが、その際には政治上における水戸藩の活動力ないし影響力と、水戸学の影響力とが、混同されている場合が多いように思われる。私たちは短期的な政局の変動だけに目を奪われることなく、日本における近代国家の形成という長い過程の中に、水戸学を位置づけてみることが必要とされるのであろう。」（岩波書店・日本思想大系53「水戸学」解説）といふ提言に通ずるものであらう。

それまでの戦後の学界では、『水戸学は「儒教的名分論」ないし「朱子学の大義名分論」にもとづくもので、それ故に『「封建道徳」を鼓吹する教学にすぎない』と看做されてゐた。いはゆる封建反動といふレッテルを貼つて、これを「視界から遠ざけて」来た（尾藤氏）のであつた。従つて、此の提言はそれまでの中央の学界に対する新鮮な提言であつたと云ふことが出来よう。端的に敷衍すれば、明治・大正・昭和・平成と、人々の心に〃水戸学は生き続けてゐる〃といふことである。

この提言は昭和四十八年になされたが、夫れ以後も、中央の学界にはとりたてて目立つた研究成果はみられなかつた。爾来四十年を経過したが、其の間、尾藤氏とは立場を異にするけれども、戦後一貫して「水戸学」を追及して来たのが故名越時正会長を中心とする「水戸史學會」であり、会員による研究の成果は、錦正社などの志ある方々の協力を得て「水戸史学選書」をはじめとする多くの著述となつて世に公にされてきたのであつた。

「水戸史學會」の根本は、その設立趣意書に述べられたごとく、義公修史の精神を継承することを通して今日の混迷を裁断し、輝かしい未来を開かうとする志にある。研究の方法論は義公修史の方法論に学び、あくまでも根本となる史料を吟味し積み重ねることを以て研究の基本とするが、同時にこれらの研究は単なる知的興味を満たす為のものではなく、古人のいはゆる「己れの為の学」であることを期するものである。

最期に、これまで多くの学恩を頂いて来た先生・先輩・同僚・そして後輩など、有縁の方がたに心からの感謝を捧げ、本書を膝下に呈する次第である。

著者略歴

宮《みや》田《た》正《まさ》彦《ひこ》

昭和 35 年 3 月　茨城大学文理学部文学科卒業
昭和 35 年 5 月　茨城県公立学校教諭に採用（多賀高校・水戸二高勤務）
昭和 52 年 4 月　茨城県教育委員会総務課文化財保護主事、教育財団茨城県歴史館勤務（研究員）
昭和 63 年 4 月　茨城県総務課主査・茨城県立歴史館学芸第一室長
昭和 64 年 4 月　茨城県立高等学校教頭
平成 3 年 4 月　茨城県総務部総務課副参事・茨城県立歴史館史料部長
平成 5 年 4 月　茨城県立高等学校校長（大洗高校・太田二高勤務）
平成 10 年 3 月　定年退職
平成 10 年 7 月～同 23 年 3 月　幕末と明治の博物館協議員
平成 10 年 9 月～同 14 年 3 月　茨城コンピューター専門学校副校長・同校校長
平成 20 年 11 月 3 日　生存者叙勲（瑞宝小綬章）

現在の主な役職　水戸史学会会長、水戸市文化財保護審議会会長ほか

著書　「水戸光圀の遺猷」（錦正社）、「水戸光圀の「梅里先生碑」」（錦正社）ほか
分担執筆　「正説日本史」（原書房）、「水戸義公傳記逸話集」（水戸史学会）、「水戸史學先賢傳」（水戸史学会）、「茨城県の歴史散歩」（山川出版社）、「藤田幽谷の研究」（藤田幽谷先生生誕二百年記念会）ほか

〈水戸史学選書〉

水戸学《みとがく》の復興《ふっこう》——幽谷《ゆうこく》・東湖《とうこ》そして烈公《れっこう》——

平成二十六年七月　八日　印刷
平成二十六年七月二十日　発行
※定価はカバーなどに表示してあります。

著者　宮田正彦
企画　水戸史学会
茨城県水戸市笠原町九七九—四二
（但野正弘方）
発行者　中藤正道
発行所　株式会社　錦正社
〒一六二—〇〇四一
東京都新宿区早稲田鶴巻町五四四—六
電話　〇三（五二六一）二八九一
FAX　〇三（五二六一）二八九二
URL　http://www.kinseisha.jp/
装幀　吉野史門
印刷所　株式会社　文昇堂
製本所　株式会社　ブロケード

ISBN978-4-7646-0118-5